LA ORACIÓN ES UNA BUENA MEDICINA

MEDICINA

Cómo beneficiarse de los efectos
sanadores de la oración

DR. LARRY DOSSEY

LA ORACIÓN ES UNA BUENA MEDICINA

Cómo beneficiarse de los efectos sanadores de la oración

EDICIONES OBELISCO

Si este libro le ha interesado y desea que le mantengamos informado de nuestras publicaciones, escríbanos indicándonos qué temas son de su interés (Astrología, Autoayuda, Ciencias Ocultas, Artes Marciales, Naturismo, Espiritualidad, Tradición), y gustosamente le complaceremos, o consulte nuestro catálogo en: www.website.es/obelisco.

Los editores no han comprobado la eficacia ni el resultado de las recetas, productos, fórmulas, técnicas, ejercicios o similares contenidos en este libro. No asumen, por tanto, responsabilidad alguna en cuanto a su utilización ni realizan asesoramiento al respecto.

Colección: Obelisco Salud
La oración es una buena medicina
Larry Dossey, M.D.

1.ª edición: mayo de 1999

Título original: *Prayer is Good Medicine*
Traducción: Montserrat Porti
Diseño portada: Ricard Magrané

© 1996 by Larry Dossey M.D.
© Ediciones Obelisco, S. L., 1998
Publicado por acuerdo con HarperSan Francisco,
una división de Harper Collins Publishers Inc.
(Reservados todos los derechos para la presente edición)
Edita: Ediciones Obelisco, S. L.
Pere IV, 78 (Edif. Pedro IV), 4ª planta, 5ª puerta
08005 Barcelona - España
Tel. (93) 309 85 25 - Fax (93) 309 85 23
Castillo, 540. Tel. y Fax 771 43 82
1414 Buenos Aires - Argentina
e-mail: obelisco@interplanet.es

Depósito Legal: B. 21.976-1999
I.S.B.N.: 84-7720-694-5

Printed in Spain

Impreso en España en los talleres de Romanyà/Valls, S. A.,
de Capellades (Barcelona)

*A mis colegas profesionales
de la salud que han tenido
la valentía de llevar la oración
a hospitales, clínicas y
laboratorios.*

Deseo expresar mi profundo agradecimiento a las siguientes personas por haberme permitido citar sus palabras:

A Rudolph Barden, Dorothy Martin y Stephanie R. Waugh por extractos de su correspondencia personal.

A Deborah Rose, ex vicepresidenta de Spindrift, Inc., por varios extractos de Home Catacomb, septiembre de 1994 y noviembre de 1995; a la doctora Betsy MacGregor, y a la revista Advances por extractos de «Health Reform and the Sacred», Advances 11, n° 1 (invierno de 1995).

Agradecimientos

Ofrezco una plegaria de agradecimiento a las muchas personas que me han animado a abordar el tema de la oración en medicina.

A Garry y Bet: mientras crecíamos en Prairie Point, no sabíamos que todas aquellas plegarias estaban influyendo tanto en nosotros, ¿verdad?

A mi madre y mi padre, que nos mantuvieron vivos a mi hermano y a mí —mellizos prematuros de poco más de un kilo de peso— con plegarias y un cálido hogar en una desolada pradera de Texas.

Y a Barbara, mi esposa, quien sigue siendo la respuesta a mis plegarias.

Dr. Larry DOSSEY
Santa Fe, Nuevo México

Nota del autor

A lo largo de este libro utilizo muchos términos para referirme a un Ser Supremo. En la mayoría de los casos, he elegido el término más neutro posible, como por ejemplo el Absoluto.

Estoy de acuerdo con los sabios maestros que afirman que todos los nombres de Dios son engañosos. Como nos dicen las principales tradiciones esotéricas, el Absoluto «no puede hablarse ni pensarse». No existen imágenes fiables del Todopoderoso. Tal como afirma con gran sensatez el aforismo sufí: «Ningún hombre ha visto a Dios y ha vivido».

En el siglo XIV, un monje inglés considerado el autor anónimo de *La niebla de lo desconocido*, un exaltado tratado religioso que ejerció una profunda influencia en la vida religiosa de la época, se lamentaba de la inutilidad de dirigirse e incluso pensar en el Universal. «Pero ahora me preguntaréis —decía—, cómo se puede pensar en Dios y qué es, y yo sólo puedo daros una única respuesta: no lo sé. Porque con esta pregunta me habéis llevado hasta...

la niebla de lo desconocido... Ningún hombre puede pensar en Dios.»[1]

Como señalaba el gran místico alemán del siglo XIII Meister Eckhart, «Quien perciba algo de Dios y le asigne un nombre por ello, no se tratará de Dios. Dios es... inefable.»[2] Y: «La naturaleza de Dios es no tener naturaleza.»[3]

En este momento de la historia en el que experimentamos un necesitado despertar de los valores que durante siglos se han asociado a las mujeres, tal vez sea importante señalar que el problema de nombrar el Absoluto no se soluciona simplemente reemplazando todos los nombres y pronombres masculinos con otros femeninos. Dios y Diosa, él y ella, creadores por igual. El Absoluto está sin duda más allá de cualquier descripción de todo tipo, incluyendo de género.

Teniendo en cuenta estas limitaciones, el lector puede insertar, en todos los casos que siguen a continuación, el nombre que prefiera para el Absoluto: Diosa, Dios, Alá, Krishna, Brahman, Tao, Mente Universal, Todopoderoso, Alfa y Omega, el Único...

---

1. «Ningún hombre puede pensar en Dios.» *The Cloud of Unknowing (La niebla de lo desconocido),* trad. Clifton Wolters (Baltimore: Penguin Books, 1961), 59.
2. «Quien perciba algo de Dios...» *Meister Eckhart*, trad. Edmund Colledge y Bernard MacGinn (New York: Paulist Press, 1981), 204-5.
3. «La naturaleza de Dios es no tener naturaleza.» *Meister Eckhart*, trad. Raymond B. Blakney (New York: Harper & Row, 1941), 243.

La oración
es una buena medicina

Si Jesús, Mahoma y Buda hubieran tenido
penicilina, probablemente la hubieran utilizado,
sin por ello abandonar la oración.

Yo considero que la oración y los diferentes
recursos de la medicina moderna pueden utilizarse
a la vez. Así pues, aunque este libro trate el tema de
por qué la oración es una buena medicina, no estoy
sugiriendo que sea la única medicina o que sólo deba
confiarse en ella en lugar de confiar en otros tipos de
medicina.

La oración no es mejor que la medicina
moderna. La oración, los medicamentos y la cirugía
son todos una bendición, una gracia, un regalo. ¿Por
qué no los utilizamos todos, con respeto y gratitud?

Introducción

La oración ha vuelto.

Después de permanecer en el olvido durante la mayor parte de este siglo, la oración adquiere progresivamente un papel más importante en la medicina moderna. Los médicos no sólo llevan la oración a sus consultas, clínicas y hospitales, sino también a los laboratorios de investigación. Las publicaciones médicas están más dispuestas que nunca a publicar estudios sobre los efectos sanadores de la oración y la fe. Varias revistas prestigiosas de carácter general han publicado artículos de portada sobre la oración, y muchos programas de televisión dedican su tiempo a la sanación y la oración. Incluso el conservador periódico norteamericano *Wall Street Journal* publicó recientemente, en su sección «*Marketplace*», un extenso artículo dedicado a los estudios científicos sobre la oración que se llevan a cabo en la actualidad.[4]

Muchos de vosotros probablemente pensáis: ¡ya

---

4. En relación al artículo publicado por el periódico *Wall Street Journal* dedicado a los estudios científicos sobre la oración, véase Joseph Pereira, «The Healing Power of Prayer Is Tested By Science», *Wall Street Journal,* 20 de diciembre de 1995.

era hora! Encuestas[5] recientes demuestran que un setenta y cinco por ciento de los pacientes creen que sus médicos deberían abordar los temas espirituales como parte del tratamiento, y un cincuenta por ciento desean que su médico no sólo rece por ellos, sino que además rece con ellos. Parece que los médicos estamos escuchando. Muchas personas se sorprenderían al saber que la mayoría de nosotros rezamos por nuestros pacientes.[6]

En diciembre de 1985 se celebró una conferencia titulada «La espiritualidad y la sanación en medicina» en la Facultad de Medicina de Harvard, en Boston, una de las principales instituciones médicas de los Estados Unidos. En el momento de escribir estas líneas, aproximadamente un tercio de las facultades de medicina de los Estados Unidos han incluido en sus programas seminarios de medicina alternativa/complementaria, muchos de los cuales se centran en la importancia de las cuestiones espirituales en los tratamientos médicos, incluyendo la oración. Cinco facultades de medicina han creado programas explícitamente dedicados a explorar la relación entre la fe y la salud.

¿Nos estamos dejando llevar por la imaginación? Es poco probable. «Estadísticamente, Dios es bueno

5. «Encuestas recientes demuestran que un setenta y cinco por ciento de los pacientes creen...» Véase David B. Larson y Mary A. Greenwold Milano, «Are Religion and Spirituality Relevant in Health Care?» *Mind/Body Medicine* 1, nº 3 (1995): 147-57.
6. «...la mayoría de nosotros rezamos por nuestros pacientes.» Véase J. Martin y C. Carlson, «Spiritual Dimensions of Health Psychology», en *Behavioral Therapy and Religion*, ed. W. R. Miller y J. Martin (Beverly Hills: Sage Publications, 1988), 57-110.

para ti»[7], dice el doctor David B. Larson, del National Institute for Healthcare Research de Rockville, en el estado de Maryland, quien estudia la relación entre la espiritualidad y la salud. Larson, que había trabajado como investigador en el National Institute of Mental Health, afirma: «Mis profesores (de la facultad) me dijeron que la religión es contraproducente. Después observé los estudios realizados y descubrí que, de hecho, la religión aporta grandes beneficios. Ir a la iglesia o rezar regularmente es muy positivo por lo que respecta a prevenir enfermedades, físicas y mentales, y afrontar la enfermedad con mayor efectividad. Según los estudios realizados, en todas las áreas, la religión es beneficiosa en un ochenta por ciento. Aquellas revelaciones me sorprendieron enormemente.»

A mí también. Yo me introduje a ciegas en la investigación de la oración en la década de los ochenta, cuando recibí un artículo científico[8] donde se describía que, en un hospital moderno, se estaban comprobando los efectos de la oración con un numeroso grupo de pacientes enfermos del corazón. Nunca se me había ocurrido que alguien pudiera poner a prueba la oración como si fuera un nuevo medicamento: rezando sólo para la mitad de los pacientes y analizando los resultados. Este estudio sugería los posibles efectos terapéuticos de una oración a distancia e intercesora.

---

7. «Estadísticamente, Dios es bueno para ti.» David B. Larson, citado por John Boudreau, «Scientists Examine the Healing Powers of Prayer», *Contra Costa [California(Times*, 21 de enero de 1996.
8. «...recibí un artículo científico donde se describía que...» El artículo era: Randolph C. Byrd, «Positive Therapeutic Effects of Intercessory Prayer in a Coronary Care Unit Population», *Southern Medical Journal* 81, nº 7 (julio 1988): 826-29.

Después de recuperarme de la sorpresa, me pregunté: Si la oración funciona, ¿debería yo rezar por mis pacientes? Por aquel entonces yo era escéptico con respecto a la oración, y un único estudio no me convencía. Como necesitaba más pruebas, me embarqué en mi propia investigación y descubrí, para mi sopresa aún mayor, que existían más de ciento treinta estudios científicos sobre el tema general de «sanación», muchos de los cuales se referían a la oración. Más de la mitad de estos experimentos demuestran que la oración funciona. Pronto empecé a ver esta evidencia como uno de los secretos mejor guardados de la medicina moderna, y empecé a rezar por mis pacientes.

Mi trabajo sobre la oración y la sanación me llevó a publicar un libro titulado *Palabras que curan: el poder de la oración y la práctica de la medicina*, en 1993. (Trad. española en Ediciones Obelisco.) Para mi gran satisfacción, la buena acogida del libro me proporcionó la oportunidad de hablar de la oración con diversos públicos: en facultades de medicina y hospitales, asociaciones de médicos y enfermeras, grupos religiosos, el Instituto Nacional de la Salud, una comisión presidencial para la reforma sanitaria, una sección del Parlamento Británico e incluso en el Pentágono.

En estas charlas y conferencias muchas veces surgían los mismos temas. Sé que también están en vuestra mente, porque me habéis enviado cientos de cartas describiendo vuestras experiencias, creencias y dudas con respecto a la oración. He descubierto que la mayoría de vosotros estáis interesados en cuatro temas principales: las pruebas científicas sobre la oración, las polémicas asociadas con los experimentos sobre la oración, qué es la oración y cómo rezar. Este libro está dividido en estas cuatro partes; cada una de ellas es independiente y pueden leerse en cualquier orden. Elige el que prefieras.

He escrito este libro deseando que fuera una exposición sincera, no un tratado académico. Si deseas profundizar en los estudios científicos sobre la oración, puedes consultar *Palabras que curan*, donde encontrarás descripciones y citas de los experimentos realizados.

Cuando leas este libro, espero que resistas la tentación de creer que la oración y la medicina moderna se excluyen mutuamente. Como médico, he recurrido a los medicamentos y la cirugía porque conozco su eficacia, pero la oración también funciona. En mi opinión, no tenemos que elegir entre la oración y la medicina moderna. Si una persona tiene apendicitis, considero que debe someterse a una apendectomía, porque es el tratamiento más efectivo que actualmente conocemos para este problema concreto. Pero ¿por qué no utilizar la oración como complemento de la operación quirúrgica? Se ha comprobado[9] que los pensamientos similares a plegarias aumentan el porcentaje de curación de las heridas quirúrgicas, y se asocia la fe religiosa con una recuperación más rápida tras una intervención[10]. Cuando estamos enfermos,

---

9. «Se ha comprobado que los pensamientos similares a plegarias aumentan el porcentaje de curación...» Véase el estudio de Daniel P. Wirth, «The Effect of Non-contact Dermal Wounds», *Subtle Energies* 1, nº 1 (1990): 1-20; y Daniel P. Wirth, «Full Thickness Dermal Wounds Treated with Non-contact Therapeutic Touch: A Replication and Extension», *Complementary Therapies in Medicine* 1 (1993): 127-32.
10. «...se asocia la fe religiosa con una recuperación más rápida tras una inter-

debemos guiarnos por el sentido común: utilizar lo que funciona. En la mayoría de los casos, habrá lugar tanto para la oración como para la medicina moderna.

Aunque la ciencia nos diga que la oración funciona, no puede explicarnos cómo funciona. La ciencia se revela limitada en el estudio de la oración. En consecuencia, la ciencia nunca podrá absorber la oración, como temen algunas personas. Los misterios sagrados seguirán existiendo.

He escrito este libro bajo la influencia de las plegarias de miles de personas que han rezado por mí y por mi trabajo. Os lo agradezco de todo corazón. ¿Seguiréis manteniéndome bajo esa influencia?

Dr. Larry DOSSEY

vención.» Véase el estudio de P. Pressman, J. S. Lyons, D. B. Larson y J. S. Strain, «Religious Belief, Depression and Ambulation Status in Elderly Women with Broken Hips», *American Journal of Psychiatry* 147 (1990): 758-60; y T. E. Oxman, D. H. Freeman y E. D. Manheimer, «Lack of Social Participation or Religious Strength or Comfort as Risk Factors for Death after Cardiac Surgery in the Elderly», *Psychosomatic Medicine* 57 (1995): 5-15.

PRIMERA PARTE

Las pruebas

Estudiar la oración
es un acto de adoración

Imagina que la próxima vez que estuvieras enfermo, el médico te dijera: «Tómese muchos medicamentos. No preste atención a si están mezclados ni si son compatibles entre ellos, y no se moleste en contarlos. Simplemente tómese muchos, tan a menudo como sea posible, porque los medicamentos curan». ¿Qué pensarías? Incluso aunque creas en el poder curativo de los medicamentos, considerarías que el consejo del médico es irresponsable y peligroso. Existen muchos tipos de medicamentos: algunos son útiles, otros inútiles y otros perjudiciales. Algunos funcionan solos y algunos sólo funcionan en combinación con otros; existen medicamentos que son tóxicos y pueden ser fatales si se combinan con otros. Sólo pueden descubrirse los efectos de los medicamentos después de hacer varias pruebas, y sólo entonces podrán utilizarse de forma eficaz y con total seguridad.

Lo mismo podría decirse de la oración. Existen diferentes tipos de oración, y las pruebas demuestran que la oración, como los medicamentos, puede tener efectos positivos, neutros o negativos[11]. Incluso podría ser recomendable asociar un aviso a la oración: «Puede perjudicar la salud».

Uno de los mejores métodos para comprender los matices de la oración y descubrir la mejor forma de usarla es estudiarla atentamente mediante experimentos científicos. En mi opinión, todo el mundo debería interesarse por los resultados de pruebas, incluso aquellas personas que ya creen en la oración.

Algunos creen que la ciencia es la enemiga de la fe y que la oración no debería someterse a ningún examen científico, pero los científicos también necesitan fe. De hecho, con frecuencia he pensado que muchos científicos tienen más fe que algunas personas religiosas. Por ejemplo, tienen fe en la regularidad y los patrones del universo, fe en que el conocimiento es posible, fe en que la naturaleza se revelará ante nosotros si nos preparamos y realizamos los pasos necesarios. Sin fe, la ciencia no sería posible. La fe es la base de la ciencia, igual que lo es de la oración.

Cuando ponemos a prueba la oración, no estamos atacando necesariamente al cielo. Los estudios científicos de la oración pueden estar perfectamente libres de arrogancia y orgullo. Pueden ser ejercicios reverentes mediante los cuales invitamos, no exigimos, al Todopoderoso a manifestarse. En realidad, someter la oración a comprobación puede ser una for-

---

11. «...las pruebas demuestran que la oración, como los medicamentos, puede tener efectos positivos, neutros o negativos.» Véase Larry Dossey, «When Prayer Hurts», *Healing Words: The Power of Prayer and the Practice of Medicine* (San Francisco: HarperSanFrancisco, 1993), 145-58.

ma de veneración, un rito mediante el cual expresamos nuestra gratitud por este increíble fenómeno.

Un científico amigo mío realiza experimentos sobre la oración. Él encarna el enfoque de reverencia que estoy defendiendo. «Para mí», dijo en una ocasión, «dirigir un experimento para ver si la oración funciona es como organizar una cena elegante. Preparo el menú más apetitoso que se me ocurre, decoro la mesa y después abro la puerta de mi casa para ver si alguien desea venir. Si no viene nadie, la cena no era lo suficientemente atractiva. Si consigo que el conjunto del experimento sea suficientemente atractivo, el Divino puede "mostrarse" y conseguiré resultados positivos. De lo contrario, la próxima vez tendré que esforzarme más».

Teilhard de Chardin, jesuita y erudito, dijo algo parecido en una ocasión: «La investigación es la forma más elevada de adoración».

Los experimentos sobre la oración pueden ayudar a superar la división entre ciencia y religión

La inmensa mayoría de nosotros rezamos, y creemos que nuestras plegarias reciben respuesta. No esperamos ansiosos los resultados del próximo experimento de laboratorio sobre la oración. Sentimos que ya tenemos la prueba de la efectividad de la oración en nuestras vidas, y nuestras vidas son el laboratorio más importante.

Sin embargo, no podemos escapar a la influencia de la ciencia en nuestras vidas. El enfoque científico se ha infiltrado en todos los aspectos de nuestra existencia. Antes de adoptar una postura concreta en un tema polémico —el calentamiento del planeta, por ejemplo—, nos preguntamos: «¿Qué dice la ciencia?»

La oración, igual que casi todo lo demás, está siendo analizada por la ciencia. Algunos científicos y médicos han empezado a descubrir que la plegaria de petición, en la que uno reza por sí mismo, tiene efectos positivos y sanadores, pero muchos añaden que esto sólo se debe a factores psicológicos como el pensamiento positivo, la esperanza y la autosugestión. Algunos de estos mismos científicos consideran que la oración intercesora a distancia no puede ser efectiva; la mente no puede hacer que ocurran cosas a distancia, ya sea espontáneamente o mediante un Ser Supremo. Si creemos en la oración a distancia, afirman, nos estamos engañando a nosotros mismos. Sin embargo, cuando se pone a prueba en experimentos reales en hospitales, clínicas y laboratorios, la oración a distancia sí tiene efecto: en humanos y no humanos, incluso cuando el receptor de la oración no es consciente de que se está ofreciendo la plegaria.

Estos estudios tienen un incalculable valor para superar la dolorosa división que separa la ciencia y la oración en la sociedad actual. No tenemos que dividir nuestra vida en compartimentos separados, poniendo nuestro intelecto en un rincón y nuestra espiritualidad en otro.

Las pruebas científicas con relación a la plegaria pueden ayudar a sanar estas dolorosas divisiones de la psique moderna. Por este motivo tantas personas, incluso los creyentes, acogen con satisfacción las pruebas científicas de que la oración funciona. El interés de la ciencia por la oración refuerza su fe, no la debilita.

El hecho de que aceptemos estas pruebas no significa que permitamos que la ciencia retenga la oración como rehén. La oración no necesita el sello de aprobación de la ciencia. Pero si los viejos enemigos pueden darse la mano, nosotros deberíamos permitir que lo hagan, porque todos nos beneficiaremos espiritualmente de la tregua.

El impacto de los experimentos sobre la oración en las creencias religiosas

La cuestión ya no es si los experimentos demuestran que la oración funciona o no: ya han demostrado que sí. Las nuevas preguntas son: ¿cuáles son las consecuencias? ¿Cuál será el impacto de los experimentos científicos en la fe y las prácticas religiosas?

Muchas personas y organizaciones se han dedicado al estudio de la oración realizando ensayos científicos. Una de estas organizaciones es Spindrift que, a lo largo de dos décadas, ha llevado a cabo varios experimentos que demostraron los efectos positivos de la oración en sujetos no humanos. Antes de iniciar sus experimentos en 1975, los investigadores de Spindrift dedicaron cinco años a analizar los debates éticos que se derivarían de su trabajo científico. «¿Los experimentos eran una forma de tentación o eran un regalo de un Dios bueno al mundo actual?», pregunta la ex vicepresidenta de Spindrift, Deborah Rose. «¿Es una herejía "poner a prueba" a Dios en un laboratorio? ¿Los resultados del experimento destruirían la fe?» Ninguna otra organización se ha enfrentado a estas preguntas con tanta sinceridad como Spindrift.

En 1994, la organización recibió una carta de una mujer de Topeka, en el estado de Kansas, a quien le preocupaba que los experimentos de Spindrift pudieran provocar la secularización de la religión. Tenía miedo de que la religión cayera en manos de unos científicos de laboratorio y no quería que la belleza de sus enseñanzas religiosas se viera reemplazada por fríos datos.

En respuesta a las preocupaciones similares a las de esta mujer, Rose reconoce que la gente suele pensar que los experimentos de Spindrift son intentos de poner a prueba, tentar o limitar a Dios con tubos de ensayo. «Pero las pruebas no tienen este objetivo», añade Rose. «No estamos urdiendo una trampa para atrapar a Dios, estamos abriendo una ventana para ver la labor de Dios.»[12]

Los investigadores de Spindrift no tienen miedo de que sus experimentos sobre la oración resten poder a la religión. Les preocupa más el efecto contrario: «[Pensamos que nuestros] experimentos devolverán poder a la religión, lo cual podría ser terriblemente peligroso, porque en muchos casos la Iglesia no ha utilizado este poder con sabiduría.»

Para los investigadores de Spindrift, merece la pena correr estos riesgos. «Si queremos que el mundo recupere la capacidad de sanar espiritualmente», afirma Rose, «debemos hacerle sitio. Es como proteger a

---

12. «No estamos urdiendo una trampa para atrapar a Dios...» Deborah Rose «Letters to the Editor», Home Catacomb 8, nº8 (septiembre 1994), 3-4. Los siguientes comentarios de Rose también pertenecen a la misma fuente.

una especie animal en peligro de extinción. Debe hacerse algo más que proteger a los individuos de la especie: también debe protegerse y expandirse su hábitat. Debemos crear un lugar en el mundo para la sanación espiritual. Los resultados de las pruebas de Spindrift son una forma de reafirmar el derecho a poseer un territorio».

Los experimentos con la oración no suponen ninguna amenaza para ella, en la opinión de Rose. «El hecho de expresar la teología con "fríos datos" [no] sustituirá las Escrituras, los himnos, las vidrieras, los testimonios personales ni todas las hermosas expresiones de la religión en nuestra sociedad. Las potenciará porque se creará un hábitat más extenso donde este tipo de cosas podrán crecer. También aparecerán nuevas expresiones, expresiones científicas y computarizadas, de la teología. Algunas personas lo considerarán ofensivo, otras lo considerarán hermoso y lleno de significado. ¿Por qué no podemos tener ambas cosas? No todo el mundo piensa que los datos científicos sean fríos e impersonales. En mi religión», afirma Rose, «uno de los nombres de Dios es el Principio... En el fondo de los datos [de los experimentos], yo veo destellos del Principio, de Dios...»

Rose continúa: «Las pruebas sacan a la luz [viejas] preguntas teológicas. Tal vez descubriremos que estábamos equivocados con respecto a muchas cosas. ¿Quién decidió en el pasado qué y quién era sagrado, qué era pecado y quién era pecador? En ocasiones sólo era una cuestión política... Espero que algunas herramientas como los experimentos de Spindrift ayuden a que la religión sea menos manipuladora, menos secular y más pura».

A Rose también le preocupa que la gente utilice los experimentos para promover un único tipo de religión: «Al demostrar científicamente la religión, podríamos perder la libertad de religión y toda la belleza de la diversidad de tradiciones religiosas... Esta triste posibilidad no debería convertirse en realidad jamás. Los experimentos han demostrado que las personas de diferentes tradiciones religiosas responden del mismo modo».

Otro peligro de los experimentos es que la gente los utilice para descubrir maneras de perjudicar a los demás. «Esta investigación —dice Rose—, hará que el lado oscuro del poder mental sea más evidente y más accesible para las personas... Mediante técnicas mentales, es posible conseguir que alguien se ponga enfermo, e incluso matarle... Cuando todo el mundo conozca los resultados de los experimentos de Spindrift u otras investigaciones similares, el tema del lado oscuro del pensamiento estará sin duda en auge. Todas aquellas personas que lo deseen podrán aprender con mayor facilidad a utilizar su poder mental con fines destructivos.»

A pesar de todos los riesgos y peligros, los investigadores de Spindrift, después de experimentar con la oración durante dos décadas, concluyen que los beneficios de las pruebas superan con creces los problemas. «Cualquier cosa —observa Rose—, que dé a conocer la verdad y nos ayude a comprender mejor la naturaleza del universo en que vivimos es una bendición, por muy elevado que sea el precio. La ignorancia es el mayor peligro.»

Después de publicar mi libro *Palabras que curan: el poder de la oración y la práctica de la medicina*, descubrí que muchas de las predicciones de Rose eran acertadas. Grupos fundamentalistas de todo el país reaccionaron ofendidos, condenando las pruebas científicas y calificándolas de pertenecer a lo «oculto» y la «Nueva Era», sin molestarse en considerar si los estudios eran válidos o no. Al parecer, el motivo principal de que se sintieran ofendidos es que los experimentos sobre la oración demuestran que, como afirma Rose, «las personas de diferentes tradiciones religiosas responden del mismo modo». En otras palabras, los experimentos revelan claramente que ninguna religión tiene el monopolio exclusivo de la oración. Esta afirmación contradice la creencia de muchos fundamentalistas de que el Todopoderoso se comunica principal o exclusivamente con ellos, que aquellos que no «siguen el camino verdadero» no pueden rezar de forma efectiva, y que la única oración genuina que puede ofrecer la gente que no comparte su fe es una plegaria que solicite perdón y absolución. Para alguien que tenga estas creencias, los experimentos sobre la oración representan un importante conflicto entre ciencia y fe. Cuando se produce una confrontación entre estos dos mundos, normalmente se renuncia a la ciencia y se conserva el dogma.

Estoy convencido de que los experimentos sobre la oración no van en contra de la espiritualidad; sólo representan una amenaza para la exclusividad y las fronteras cerradas, que constituyen la base de la intolerancia religiosa. El Absoluto no se ve amenazado por las pruebas científicas que favorezcan la oración, sólo se ve amenazado por nuestra propia arrogancia y orgullo y el estatus especial que reclaman algunas religiones. Los experimentos sobre la oración nivelan el terreno de la oración. Demuestran que la oración es un fenómeno universal que pertenece a todas la fes y credos. En consecuencia, estos estudios fomentan y defienden la tolerancia.

La comprensión científica de la oración es limitada

He comprobado que la mayoría de las personas que profesan las principales religiones de nuestro país se muestran muy tolerantes con respecto a los experimentos sobre la oración. Desean un acercamiento entre la ciencia y la religión que permita la reunión en armonía de los vectores intelectuales y espirituales de la psique humana. Algunos consideran que experimentar con la oración es un progreso para la propia religión. Coinciden con Emerson en que «la religión que tiene miedo de la ciencia deshonra a Dios y se suicida». Y también están de acuerdo con la antropóloga Margaret Mead, quien dijo: «Necesitamos un sistema religioso con un fondo científico, donde la tradicional oposición entre ciencia y religión... pueda superarse, pero en términos de futuro y no de pasado[13]».

Tal vez aquellas personas que temen que la ciencia pueda engullir la religión no comprenden los límites de la ciencia. Cuando investigamos científicamente la oración, sólo podemos demostrar que funciona, no cómo ni por qué funciona. Esto significa que existe un umbral que la ciencia no puede traspasar. Estos

---

13. «Necesitamos un sistema religioso con un fondo científico...» Margaret Mead, citada en «Five Who Care», *Look*, 21 de abril de 1970.

límites se ilustran en el siguiente diálogo entre un profesor de ciencias y el alumno a quien estaba examinando:

Examinador: ¿Qué es la electricidad?[14]

Alumno: Oh, señor, estoy seguro de que he estudiado lo que es. Estoy seguro de que lo sabía..., pero lo he olvidado.

Examinador: ¡Qué desgracia! Sólo dos personas han sabido desde que el mundo es mundo qué es la electricidad: el Creador de la Naturaleza y usted. Y ahora uno de los dos lo ha olvidado.

La ciencia plantea más preguntas sobre la oración de las que responde. La ciencia no puede medir lo que es inmensurable. De este modo se dejan intactos muchos aspectos de la oración y se abre una ventana para que las diferentes religiones puedan interpretar las diferentes revelaciones como prefieran.

Por otra parte, algunos científicos no están en absoluto de acuerdo con esta opinión. Consideran, basándose en un curioso razonamiento lógico, que la ciencia ha refutado al Todopoderoso, aunque el Absoluto está más allá de cualquier sistema de medida y, en consecuencia, más allá de los límites de la ciencia. Pero no debemos dejarnos abrumar por este prejuicio. En lugar de ello, podemos guiarnos por el punto de vista de muchos científicos de prestigio, según el cual se reconoce tanto el poder como las limitaciones de la ciencia. Una expresión típica de este punto de vista es el siguiente comentario del físico galardonado con el premio Nobel Erwin Schrödinger. Las observa-

---

14. «*Examinador*: ¿Qué es la electricidad?» John D. Barrow, *The World Within the World* (New York: Oxford Univ. Press, 1988), 193.

ciones de Schrödinger pueden servir de consuelo a todos aquellos que tienen miedo de mezclar ciencia y oración:

No debemos esperar[15] que las ciencias naturales nos descubran los misterios de la naturaleza del espíritu; no debemos esperar penetrar en ella. Sin embargo hemos descubierto muchos aspectos sobre la física y la química de los procesos corporales con los que la percepción y el pensamiento están objetivamente relacionados. Y no debemos tener miedo de que incluso el más exacto conocimiento del mecanismo de estos procesos y las leyes por las cuales se rigen —un conocimiento cuyo sujeto está y siempre estará en el espíritu— pueda poner trabas al propio espíritu, es decir que pueda impulsarnos a verlo como no libre, «mecánicamente determinado», basándonos en que está relacionado con un proceso fisiológico que está mecánicamente determinado y sujeto a las leyes de la naturaleza.

Max Planck, cuyos descubrimientos constituyeron la base para la revolución cuántica-relativista de la física, vio que la ciencia y la religión estaban interrelacionadas de forma natural. Planck dijo:

«Nunca puede existir[16] una auténtica oposición entre la religión y la ciencia, porque una complementa a la otra. Cualquier persona que reflexione se dará cuenta, en mi opinión, de que debe reconocerse y cul-

---

15. «No debemos esperar que las ciencias naturales nos descubran...» Erwin Schrödinger, «The Spirit of Sciencie», en *Spirit and Nature*, artículos de *Eranos Yearbooks*, ed. Joseph Campbell, Bollingen Series 30-31 (Princeton: Princeton Univ. Press, 1954), 324-25.

16. «Nunca puede existir una auténtica oposición entre la religión y la ciencia...» Max Planck, *Where Is Science Going*? (1993; reimpresión, Woodbridge, CT: Ox Bow Press, 1981), 168-69.

tivarse el elemento religioso de la naturaleza si todos los poderes del alma humana han de actuar unidos en perfecto equilibrio y armonía. Y ciertamente no fue por accidente que los grandes pensadores de todas las épocas también fueran profundamente religiosos, a pesar de que no mostraran públicamente sus sentimientos religiosos... Cualquier progreso en el conocimiento nos enfrenta inevitablemente al misterio de nuestra propia existencia.»

La lista de grandes físicos[17] que adoptaron posturas similares es muy larga e incluye a genios como Einstein, Bohr, Heisenberg, Eddington y Jeans entre otros. El psicólogo transpersonal Ken Wilber ha recogido las opiniones de estos personajes en un sorprendente libro: *Dudas cuánticas: los escritos místicos de los grandes físicos del mundo*.

Con frecuencia se dice que la ciencia ha «refutado» a Dios pero, como ya sabían estos grandes científicos, esto es imposible. La ciencia sólo trata lo que puede medirse con sus variados sistemas de detección, y los científicos no poseen ningún instrumento para medir a Dios. Algunas cosas escapan a los límites de la ciencia. No todo lo que cuenta puede contarse.

Los que quieren proteger la oración de la ciencia y se oponen taxativamente a los experimentos sobre la oración deberían analizar sus motivos. La primera pregunta que deberían hacerse —cosa que casi nunca

---

17. «La lista de grandes físicos que adoptaron posturas similares es muy larga...» Para el relato de estos puntos de vista, véase Ken Wilber, *Quantum Questions: The Mystical Writings of the World's Great Physicists [Dudas cuánticas: los escritos místicos de los grandes físicos del mundo(* (Boston: Shambhala, 1984).

ocurre— es: ¿Qué revelan los estudios y son realmente válidos? Si evaluamos los datos y decidimos que son reales, entonces podemos hacernos más preguntas: ¿Por qué tenemos la tentación de rechazar los experimentos? ¿Estamos intentando «proteger» la oración, como si el Absoluto necesitara nuestra ayuda? ¿Cuáles de nuestras creencias religiosas personales están siendo amenazadas? ¿Podríamos replantearnos algunas de ellas?

Uno de los ejemplos para intentar acercar la religión y la ciencia que demuestran mayor valor es el de Su Santidad el Dalai Lama. A diferencia de muchos líderes religiosos, el Dalai Lama adora la ciencia y le gusta intercambiar impresiones con científicos. En una ocasión le preguntaron qué ocurriría si la doctrina budista se opusiera a sólidos hechos científicos. Él respondió que, en caso de que esto ocurriera, deberían rechazarse las propias palabras de Buda. Pero no estaba preocupado, porque a lo largo de los años el budismo siempre ha encontrado mucho espacio para hacer maniobras.

Aquellas personas que tengan miedo de los experimentos sobre la oración pueden relajarse. La ciencia no puede hacer ningún daño a la Oración ni al Todopoderoso. Sólo nuestros prejuicios están en peligro.

La oración no es sólo un placebo

Muchas personas creen que la oración no tiene poder. Afirman que la gente se siente mejor después de rezar sólo porque esperan que la oración funcione. Esto se llama «el efecto placebo».

La palabra *placebo* proviene del latín y significa «complaceré». Un placebo es una sustancia inofensiva e inocua —una píldora de azúcar o una inyección de agua— que se administra a los pacientes para complacer sus deseos.

Los resultados del efecto placebo pueden atribuirse a la fe, la esperanza, la sugestión o el «pensamiento positivo». En otras palabras, si tu médico te receta una píldora placebo y tú te sientes mejor después de tomarla, no será debido a la píldora, sino a tus pensamientos, emociones y creencias.

En el caso de la oración, no cabe duda de que las creencias de un individuo juegan un importante papel. Tanto en la oración de petición, en la que uno reza por sí mismo, como en la oración intercesora o a distancia, cuando el receptor de la oración sabe que alguien reza por él, el mero hecho de pensar que la oración tal vez funcione puede causar efectos positivos. Pero esto no significa que los resultados de la oración en estos dos ejemplos sólo se deban a un efecto placebo.

Han habido muchos casos en los que la oración a distancia o intercesora ha surtido efecto sin que el receptor tuviera conocimiento de su existencia[18]. Cuando la plegaria funciona en estos casos, es imposible que se deba totalmente a un efecto placebo.

---

18. «...la oración a distancia o intercesora ha surtido efecto sin que el receptor tuviera conocimiento de su existencia.» Véase Larry Dossey, «Prayer and Healing: Reviewing the Research», *Healing Words: The Power of Prayer and the Practice of Medicine* (San Francisco: HarperSanFrancisco, 1993), 169-96. Véase también Daniel J. Benor, *Healing Research* (Munich: Helix Verlag, 1993). Dirección: Windeckstrasse 82, D-81375 Munich, Alemania.

Deberíamos ser menos críticos con el efecto placebo. Éste puede compararse a un potente motor en un coche, capaz de intensificar los resultados de cualquier terapia. Deberíamos dejar de referirnos a este efecto como un estorbo, como hacen muchos médicos. El efecto placebo no se inmiscuye en el camino de la medicina «auténtica». Deberíamos estar agradecidos porque el poder de la esperanza, la sugestión y el pensamiento positivo pueden añadirse al poder de la oración.

El efecto placebo es una bendición. ¿Por qué habríamos de rechazarlo?

No es necesario que la oración vaya a ninguna parte

Hace algunas décadas, en los Estados Unidos se popularizó una animada canción gospel titulada «El Teléfono Real». Las líneas de Dios siempre están abiertas, proclamaba la canción, y podemos llamar a cualquier hora. En la actualidad, las comparaciones de la oración con aparatosos teléfonos negros y complicadas centralitas manuales parecen irreales y pasadas de moda y han sido sustituidas por imágenes más actuales. Hoy en día, sería más adecuado hablar de Dios como un «satélite de comunicaciones». Dirigimos nuestras plegarias hacia las alturas —arriba, siempre arriba— y si él las aprueba, responde a las necesidades expuestas.

Existen otras imágenes bastante comunes. Recientemente leí una tira cómica en la que un niño sostenía una hoja de papel y le decía a su madre: «He escrito una plegaria. ¿Dios tiene fax?»

Una antigua leyenda budista cuenta que unos monjes están velando a un viejo maestro, que ha muerto ese mismo día, cuando surge una pregunta: «¿Adónde ha ido el alma del maestro?» Se inicia un debate que se prolonga durante horas sin que consigan llegar a un acuerdo. El joven monje elegido por el viejo maestro para que fuera su sucesor se exaspera con la discusión y finalmente pregunta: «¿Por qué es necesario que su alma haya ido a alguna parte?»

¿Por qué suponemos que es necesario que la oración vaya a alguna parte? ¿Acaso la oración es una cosa? ¿Necesita viajar?

La imagen que tenemos de la oración sugiere que es una especie de mensaje físico —una carta, por ejemplo—, que debe viajar a un destino concreto, o que las plegarias son como llamadas telefónicas y señales de televisión que se transmiten a través de cables de fibra óptica o de satélites situados en la órbita del planeta. El hecho de decir que las plegarias deben «enviarse a Dios», implica que Dios es un ser que se encuentra en un lugar lejano.

Los resultados de los estudios científicos sobre la oración no corroboran esta imagen de la oración como mensaje físico enviado a un Dios que vive a una distancia determinada. En un estudio dirigido por el cardiólogo Randolph Byrd[19], en el que participaron 393 pacientes de la unidad coronaria del Hospital General de San Francisco, se pidió a varios gru-

---

19. «En un estudio dirigido por el cardiólogo Randolph Byrd...» Véase Randolph Byrd, «Positive Therapeutic Effects of Intercessory Prayer in a Coronary Care Unit Population», *Southern Medical Journal* 81, nº7 (julio 1988): 826-29.

pos de oración repartidos por todos los Estados Unidos que rezaran para determinados pacientes del hospital. A excepción de la oración, todos los pacientes recibieron el mismo tratamiento. Ningún paciente, médico o enfermera sabía quiénes eran las personas por las cuales se estaba rezando. Byrd descubrió que los pacientes que habían sido objeto de las plegarias evolucionaban significativamente mejor que los demás. La distancia no era un factor que determinara la intensidad de los resultados. Las plegarias emitidas al otro lado del país resultaron ser tan efectivas como las plegarias de los grupos más cercanos al hospital.

Otros estudios[20] han comparado la capacidad de las personas de influir en el crecimiento de organismos a distancias cortas (1,5 metros) y largas (25 km). De nuevo, la distancia no era un factor a considerar: tanto lejos como cerca, la intensidad de la influencia era la misma.

En los experimentos relativos a la sanación espiritual, nunca se ha detectado que se transmita ningún tipo de energía del sanador al sanado. Esto significa que el individuo que reza no envía nada físico a la persona objeto de la oración. Además, estos estudios demuestran que la oración es tan efectiva a distancias grandes como pequeñas. Si se enviara alguna especie

---

20. «Otros estudios han comparado la capacidad de las personas de influir en el crecimiento de organismos...» Véase el estudio de J. Barry, «General and Comparative Study of the Psychokinetic Effect on a Fungus Culture», *Journal of Parapsychology* 32 (1968): 237-43; y W. Tedder y M. Monty, «Exploration of Long-distance PK: A Conceptual Replication of the Influence on a Biological System», *Research in Parapsychology* 1980 (1981): 90-93.

de energía física, la oración sería más potente a distancias cortas que largas, porque la energía física se debilita con la distancia.

Los efectos de la oración tampoco pueden evitarse o bloquearse, cosa que sería posible en caso de que el sanador enviara algún tipo de energía al sanado. Los experimentos realizados sobre la sanación y la oración demuestran claramente que la oración no es ninguna forma de energía convencional que se «cnvíe» ni «reciba».

Para una persona que se aferre a la idea de que la oración es un tipo de energía, esto sonará como si la oración no funcionara: sin energía, no hay efecto. Pero la oración sí funciona; lo que no funciona son las imágenes que tenemos de la oración. Cuando seamos capaces de aceptar lo Absoluto como Absoluto, no necesitaremos imágenes terrenales de la oración. Nos daremos cuenta de que no es necesario que la oración, como el alma del maestro difunto, vaya a ninguna parte.

***

A pesar de que actualmente los científicos no pueden explicar cómo funciona la oración a distancia, se están realizando varios estudios que algún día podrían revelar importantes indicios sobre el tema.

En física cuántica, ciencia que estudia los elementos más pequeños del mundo físico, se han realizado varios experimentos a lo largo de las dos últimas décadas que han revelado la existencia de lo que se llama «acontecimientos no locales». Brevemente: si se separan dos partículas subatómicas que han estado en contacto, un cambio en una de ellas estará relacionado con un cambio en la otra, en el mismo instante y al mismo nivel, por muy separadas que estén. Estos acontecimientos a distancia reciben el nombre de no locales.

Los acontecimientos no locales tienen tres características en común: son *no mediados* (los cambios a distancia no dependen de la transmisión de energía ni señal energética de ningún tipo), *no mitigados* (la intensidad de los cambios no se debilita si la distancia aumenta) e *inmediatos* (los cambios a distancia se producen simultáneamente).

La pregunta más inquietante de todas las que se plantean es: ¿Cómo es posible que una de las partículas sea consciente de forma instantánea del cambio que ha experimentado su lejana pareja? ¿Cómo es posible que las dos estén en perfecta sincronía? Si las partículas cambian simultáneamente, por muy lejos que estén la una de la otra, esto sugiere que en realidad no están separadas, sino que de algún modo constituyen una única partícula o comparten «la misma mente». ¿Sorprendente? Sí, incluso para los mejores físicos que estudian el fenómeno.

El físico galardonado[21] con el premio Nobel Brian Josephson, del Laboratorio Cavendish de la Universidad de Cambridge, sugiere que estos fenómenos cuánticos no locales pueden ser la causa ocul-

21. «El físico galardonado con el premio Nobel Brian Josephson, del Laboratorio Cavendish de la Universidad de Cambridge, sugiere que estos fenómenos cuánticos no locales...» Véase B. D. Josephson y F. Pallikara-Viras, «Biological Utilization of Quantum Nonlocality», *Foundations of Physics* 21 (1993): 197-207.

ta de muchos acontecimientos humanos que se producen a distancia, como por ejemplo algunos tipos de percepción extrasensorial como la clarividencia o la telepatía.

¿Es posible que ciertos fenómenos cuánticos puedan explicar la oración intercesora a distancia? En la «transmisión» nunca se ha identificado ninguna forma específica de energía. Y puesto que se revela efectiva tanto a cortas como a grandes distancias, parece que la distancia no es un factor que limite. En consecuencia, la oración intercesora tiene un gran parecido con los acontecimientos no locales estudiados por los físicos.

Sin embargo, las «explicaciones» basadas en los fenómenos cuánticos tienen una limitación importante. Afirmar que la oración a distancia puede basarse en conexiones cuánticas no locales es reemplazar un misterio por otro. Los físicos no saben cómo se producen realmente los fenómenos cuánticos no locales; sólo saben que se producen. Esto nos remite a un antiguo dicho: «Los físicos nunca comprenden realmente una nueva teoría, simplemente se acostumbran a ella».

En la actualidad, el término *cuanta* se utiliza para describir todo lo imaginable; es probable que pronto se hable de «la oración cuántica». Esto refleja la existencia de una cierta «envidia» a los físicos en nuestra cultura. El filósofo Stephen E. Braude, de la Universidad de Maryland, lo llama el pensamiento de que «lo pequeño es hermoso», la creencia de que algo que pueda relacionarse con el dominio de lo subatómico e invisible es de algún modo más respetable. Pero a nivel cuántico el misterio no se desvela, sino que se intensifica. El cuanto ofrece la ilusión de comprensión, pero no responde a la pregunta de «¿cómo?».

También existen otras hipótesis para explicar la oración. Algunos investigadores del campo de la parapsicología afirman que la oración a distancia no es más que un ejemplo de psicoquinesis, o mente sobre materia. Pero en ese caso, ¿cómo funciona? Otros sugieren que en el funcionamiento de la oración intercesora a grandes distancias interviene un intercambio de información, no de energía. Podría ser, pero de nuevo estaríamos reemplazando algo desconocido por otra cosa desconocida.

Probablemente no sabremos cómo funciona la oración a distancia hasta que comprendamos cómo funciona la consciencia, porque el amor, la empatía y la preocupación por los demás parecen constituir la base o catalizador de los efectos de la oración. La búsqueda de una explicación para la oración a distancia es realmente una búsqueda para comprender el funcionamiento de la mente.

Ante la evidencia de nuestra ignorancia científica y la incapacidad de explicar el funcionamiento de la oración a distancia, aquellas personas que deseen creer que «lo hace Dios» deberían mantenerse firmes en su postura. Esta explicación resulta ser tan buena como cualquiera, y mucho mejor que la mayoría.

SEGUNDA PARTE

La polémica

¿Puede la oración matar?

Los escépticos nunca se cansan de buscar los aspectos más negativos de la oración. Una de sus críticas más habituales es que los defensores de la oración seducen a la gente para que no utilice las terapias «auténticas» como los medicamentos y la cirugía. En consecuencia, los que defienden la oración son responsables de que la gente muera. Oración es sinónimo de homicidio.

¿Es cierto que la oración mata? ¿En comparación con qué? Cualquier respuesta a estas preguntas debe tomar en consideración las estadísticas de la medicina tradicional. Todos los años[22], casi dos millones de personas que ingresan en los hospitales de los Estados Unidos adquieren infecciones que no tenían cuando llegaron. De éstas, ochenta mil mueren. La ci-

---

22. «Todos los años, casi dos millones de personas que ingresan en los hospitales de los Estados Unidos adquieren infecciones...» Para más información sobre enfermedades yátricas, véase Jeffrey A. Fisher, *The Plague Makers* (New York: Simon & Schuster, 1994), 31.

fra equivale a un accidente de aviación sin supervivientes todos los días, más pérdidas humanas que en la Guerra de Corea o la de Vietnam, más que cuatro veces el número de víctimas por accidentes de tráfico al año, y más de la mitad de personas que han muerto de sida en los Estados Unidos. En muchos hospitales, más de un tercio de los pacientes que ingresan en unidades de curas intensivas lo hacen debido a causas yátricas, es decir, por problemas causados por los médicos y los tratamientos químicos y quirúrgicos que utilizamos. En otro ámbito de la vida moderna, esta situación se consideraría como un escándalo nacional. Estas estadísticas no son un ataque a los médicos ni una crítica al «sistema»; simplemente son datos. La cuestión es que si tuviéramos que hacer un recuento de las muertes directamente atribuibles a la oración y a la medicina moderna, no habría necesidad de recurrir a ninguna prórroga para desempatar: la medicina moderna conseguiría una victoria arrolladora.

El *Vademecum* es la guía de los médicos para recetar medicamentos y se publica anualmente desde hace medio siglo. La edición número cuarenta y nueve, publicada en 1995, tiene casi trescientas páginas y pesa varios kilos. Un considerable porcentaje de esta obra está dedicada a «Advertencias», «Contraindicaciones», «Precauciones» y «Reacciones adversas» para cada medicamento. Los efectos secundarios pueden ser triviales —una erupción cutánea o náuseas— o fatales. Algún día podría publicarse una especie de *Vademecum* para la oración que describiera los riesgos de utilizarla. Si se hace, es impensable que la oración tenga tantos efectos secundarios como los tratamientos que usamos en la actualidad.

48

Durante años, los críticos han atacado por igual la oración y las terapias alternativas contra el cáncer y han agrupado ambas cosas calificándolas de fraudulentas. Afirman que ambas matan porque convencen a la gente de que no utilice los tratamientos que se ha comprobado que realmente funcionan: quimioterapia, cirugía y radioterapia. Dicen que los terapeutas alternativos viven a costa de individuos pobres, sin educación, sin privilegios, ilusos, desesperados e irracionales. Los hechos demuestran lo contrario. Los estudios realizados[23] revelan que la gente que opta por terapias alternativas suele haber recibido una buena educación y disfruta de una buena posición económica. Y cuando la gente recurre a terapias alternativas no suele abandonar los métodos ortodoxos, sino que combina ambos tratamientos. La mayoría de los consultados tampoco consideran que sea necesario elegir entre la oración y la medicina convencional; cuando un individuo está gravemente enfermo, normalmente utiliza ambos recursos.

Los hechos demuestran que las personas no empiezan a rezar cuando caen enfermas, sino que normalmente ya rezaban antes de que apareciera la enfermedad. Los estudios revelan que la mayoría de nosotros —más de un 90 por ciento de las mujeres y

---

23. «Los estudios realizados revelan que la gente que opta por terapias alternativas suele haber recibido una buena educación...»Véase David J. Hufford, «Cultural and Social Perspectives on Alternative Medicine: Background and Assumptions», *Alternative Therapies* 1, nº 1 (1995): 53-61; B. R. Cassileth, E. J. Lusk, T. B. Strouse, F. J. Bodenheimer, «Contemporary Unorthodox Treatments in Cancer Medicine: A Study of Patients, Treatments, and Practitioners», *Annals of Internal Medicine* 10 (1984): 105-12.

más de un 80 por ciento de los hombres— rezamos con regularidad, incluso cuando estamos bien. Así pues, la gente no recurre súbitamente a la oración cuando tiene un problema como substituto de la medicina convencional; la inmensa mayoría ya están habituados a rezar.

¿Es cierto que la oración mata? Veamos cuál es el resultado de aplicar esta pregunta a un medicamento como la penicilina. Incluso cuando una persona alérgica a la penicilina muere después de que se le haya administrado, los médicos no dicen que «le mató la penicilina», sino que el paciente «reaccionó mal» a la sustancia. El medicamento tiene excusa; es el cuerpo el que tuvo la culpa. Si aplicáramos el mismo razonamiento, nunca diríamos que la oración mató a alguien. Si una persona muriera después de haber confiado totalmente en la oración, sería porque su cuerpo habría reaccionado mal.

Estos razonamientos absurdos son intencionados. Sólo quería señalar que deberíamos evaluar todas las terapias según los mismos criterios y no utilizar criterios diferentes en función de cada tratamiento: medicamentos, cirugía, oración y cualquier otro recurso.

Celebrar la diversidad en la oración

Nunca olvidaré la experiencia que viví cuando me invitaron a un programa de radio, después de haberse publicado mi libro *Palabras que curan: el poder de la oración y la práctica de la medicina*. La presentadora del programa era una mujer muy espiritual que quería poner énfasis en el carácter universal de la oración. Hablamos de los experimentos de laboratorio que demostraban que todas las oraciones de diferentes religiones reciben respuesta y de las implicaciones ecuménicas de estos descubrimientos. Entonces se abrieron las líneas telefónicas e inmediatamente se colapsaron. Los oyentes que llamaron estaban furiosos. ¿Cómo nos atrevíamos a sugerir que las plegarias de los no cristianos recibían respuesta? ¡Seguro que los experimentos se habían equivocado! Si en algún caso parecía que las oraciones de los no creyentes recibían respuesta, era porque la oración no sería «real»: Satán actuaba disfrazado. La presentadora se desanimó; su programa nunca había despertado unas reacciones tan virulentas.

Recordé un incidente que me habían contado y que ocurrió cuando un equipo de investigacion estaba experimentando con la oración. Ellos no lo sabían, pero un grupo religioso estaba rezando intensamente para que los experimentos fracasaran. Su actitud era una auténtica ironía. Si realmente creían que la actividad de los investigadores era blasfema e ineficaz, ¿por qué consideraban que era necesario sabotearla? Es como si aquel grupo supiera que las oraciones de todo tipo reciben respuesta y no querían que este hecho se demostrara científicamente.

¿Pueden rezar los agnósticos? Esta pregunta nos conduce a la cuestión de si para rezar es necesario creer en un dios concreto. Los budistas, que rezan ávidamente, pertenecen a una religión no teísta. No dirigen sus oraciones a un dios concreto, sino al Universo. El budismo nos recuerda que uno no necesita aferrarse a la imagen de un dios determinado para poder rezar.

Michael, un amigo mío, es un agnóstico que reza sólo por «si hay alguien» que le escucha. Michael dice que quiere cubrirse las espaldas. Dirige sus oraciones «a quien pueda interesar». Él es uno de los miles de agnósticos de nuestra sociedad que rezan, un hecho confirmado por los estudios realizados sobre los hábitos religiosos de la gente.

Muchos agnósticos, como Michael, son profundamente espirituales. Con frecuencia creen en la existencia de un orden, una belleza y una majestuosidad universales que simplemente no concuerdan con la imagen de un dios concreto. Cuando rezan, a veces sienten que están en armonía con todo lo que existe, una experiencia que puede ser increíblemente profunda. Esta convicción de que todo forma parte de una sola unidad reside en la base de las tradiciones místicas de las religiones más importantes. Probablemente no queremos insistir en el hecho de que estos individuos rezan simplemente porque sus creencias acerca de la naturaleza de lo Esencial no coinciden con las nuestras.

Yo considero que los «agnósticos místicos» como Michael son personas que buscan sinceramente la verdad y que han alcanzado profundos niveles de comprensión sin las imágenes religiosas que la mayoría de la gente considera reconfortantes. Su estética espiritual es espartana en comparación con la habitual, y suelen ser muy valientes. Muchos agnósticos rezan, algunos devotamente.

Si les escuchamos, pueden enseñarnos mucho acerca de la tolerancia religiosa.

En el fondo, la mayoría de nosotros sabemos que no podemos condenar a otros seres humanos por cómo rezan. Nos avergonzamos de las guerras religiosas en las que se mata y tortura a hombres, mujeres y niños en nombre de una única verdad. ¿Por qué resulta tan difícil hacer caso de la voz de nuestros corazones? ¿Por qué nos resulta tan fácil ser intolerantes con todos los que no son como nosotros?

Millones de personas de todo el mundo hablan español, pero con maravillosos acentos diferentes. ¿No podemos también aceptar la oración, con todas sus variantes, como un idioma universal? ¿No podemos enorgullecernos de nuestras diferencias y nuestra diversidad?

Criticar la religión como la única fuente de fundamentalismo en nuestra sociedad es un error. Las creencias fundamentalistas pueden hallarse en cualquier ámbito, incluyendo la ciencia. Siempre hay científicos que piensan que saben —por adelantado— cómo debería comportarse el universo, sin necesidad de realizar ningún experimento. Este tipo de individuos suelen estar dispuestos a condenar la investigación de la oración sin tan siquiera escuchar. Esta actitud ha provocado un extraordinario fenómeno que yo jamás pensé que pudiera generarse: fanáticos religiosos y científicos dogmáticos en el mismo bando, aliados para combatir a un enemigo común.

Tal vez existe una posibilidad de que los fundamentalistas religiosos de nuestra cultura no renuncien a sus creencias y acepten los resultados de las pruebas científicas sobre la oración al mismo tiempo. El amor y la compasión que requiere la oración son de gran importancia. Los estudios científicos indican que si estos dos elementos no están presentes, las oraciones tienen poco o ningún efecto. Como los cristianos creen que «Dios es amor», cualquier oración que se rece con amor contará con la presencia de Dios. Desde este punto de vista, los cristianos pueden creer que Dios siempre está presente en la oración, incluso en las plegarias de los agnósticos o no teístas, como en el caso de los budistas.

Así pues, la ciencia demuestra que la oración no pertenece exclusivamente a ninguna religión concreta, sino a la unión de todas la religiones, clases y credos. La ciencia universaliza y democratiza la oración. Es una afirmación de tolerancia religiosa. Personalmente pienso que éste es uno de los resultados más positivos e importantes de la investigación sobre la oración.

Oración y falsas esperanzas

Muchas personas piensan que afirmar que la oración puede curar es engañar, porque al final todos morimos. Opinan que la oración no es más que una falsa esperanza.

El concepto de falsa esperanza es bastante polémico. Algunas personas creen que la esperanza nunca puede ser falsa. Siempre existe la posibilidad de que las cosas salgan mejor de lo previsto y de que, si realmente confiamos en poder obtener un buen resultado, podemos influir en que la situación evolucione a nuestro favor. Otras personas, incluyendo a muchos médicos, no opinan lo mismo. Afirman que sugerir a alguien enfermo de cáncer de páncreas con metástasis que la oración podría curarle no es ético. Es engañoso y cruel sugerir un final positivo cuando las esta-

54

dísticas indican que es extremadamente improbable.

Pero la esperanza siempre está presente en cualquier situación médica. Cuando administra un medicamento contra el cáncer a un caso «inútil» o cuando realiza una intervención quirúrgica con pocas posibilidades de éxito, el médico siempre espera obtener resultados positivos. Si los médicos no tuvieran esperanza, nunca harían nada. ¿Por qué los médicos pueden tener esperanza en situaciones desesperadas, pero los pacientes no?

Los médicos caen en esta trampa con gran facilidad. Es correcto esperar que la cirugía funcione, incluso aunque las perspectivas no sean favorables, pero no es correcto esperar un efecto positivo de la oración. La confianza en la oración se convierte en una «falsa esperanza». En este caso no se trata de esperanza sino de fe, porque en realidad el médico está diciendo que él cree en los medicamentos y la cirugía, pero no en la oración.

¿Pero en qué se basan estas creencias? He descubierto que la mayoría de médicos que están en contra de las falsas esperanzas y la oración generalmente están poco informados sobre la existencia de pruebas científicas que demuestran que la oración funciona. Contrariamente a las evidencias, consideran que creer en la oración sólo es cuestión de fe. En consecuencia, no es extraño que en el ámbito de la medicina moderna se hable mal de la oración y se considere que es una forma de infundir falsas esperanzas.

¿Por qué no podemos tener fe y esperanza en ambos métodos? Nadie considera que los medicamentos y la cirugía sean excluyentes, ni la cirugía y la radioterapia. ¿Por qué la oración se opone a cualquier otro tratamiento? Confiando en los métodos ortodoxos y en la oración se consiguen tener más posibilidades que utilizando un solo recurso. Tal como un paciente me escribió sucintamente: «No me costó nada elegir un tratamiento contra mi cáncer. La quimioterapia funciona. La oración funciona. Una no interfiere en la otra. Opté por ambas».

A algunos médicos les preocupa que la oración cree tantas falsas esperanzas que incite a los pacientes a abandonar la medicación y la cirugía. Sin duda podríamos hallar casos esporádicos de personas que intentan superar una enfermedad sólo con la oración y mueren, pero el alcance de este problema ha sido ampliamente exagerado. Deberíamos juzgar estos casos comparándolos con aquellos en los que la oración se asocia con la sanación o se utiliza en combinación con los métodos ortodoxos. Desgraciadamente, aquellas personas que desdeñan la oración casi nunca hacen este ejercicio. También deberíamos tener en cuenta aquellos casos de personas que mueren cuando pierden la esperanza o el personal médico la sabotea. Estos casos son numerosos y demuestran que la esperanza puede mantener la vida y que su ausencia puede matar.

Muchos críticos opinan que la oración crea falsas esperanzas porque no funciona en el cien por cien de los casos. En mi opinión, este punto de vista es extremadamente severo e injusto. Ningún tratamiento conocido por la medicina moderna es cien por cien efectivo; todos tienen su porcentaje de fracaso. Además, nunca se puede prever de antemano si un tratamiento funcionará o no; es necesario probarlo y ver los resultados. En este sentido, la oración no es diferente de los medicamentos y la cirugía. En algunas ocasiones la oración funciona, y en otras no; no se puede saber de antemano. Pero, teniendo en cuenta que los estudios realizados demuestran que, estadísticamente, la oración tiene un efecto positivo y favorece la recuperación de la salud en varios organismos vivos, ¿por qué no utilizarla? ¿Por qué enterrar la oración en la tumba de las falsas esperanzas?

Desde hace tiempo sospecho que a muchas de las personas que condenan la oración tachándola de falsa esperanza no les gusta la oración por motivos personales que no se atreven a manifestar o de los cuales quizá ni siquiera son conscientes. Es posible que durante los primeros años de su vida tuvieran experiencias decepcionantes con la oración, lo cual es bastante común. Muchas veces estas experiencias provocan el nacimiento de una antipatía por la religión en general. Esta actitud puede ser comprensible, pero no es propia de un médico que cree en la ciencia.

Al decidir si la oración representa una falsa esperanza o no, debemos tener en cuenta los siguientes hechos:

• *La oración funciona.* Más de 130 estudios de laboratorio[24] demuestran que, en general, la oración o una actitud de compasión, empatía y amor similar a la oración pueden favorecer los progresos de salud en

---

24. «Más de 130 estudios de laboratorio demuestran que... la oración... puede favorecer los progresos de salud...» Véase Larry Dossey, «Prayer and Healing: Reviewing the Research», *Healing Words: The Power of Prayer and the Practice of Medicine* (San Francisco: HarperSanFrancisco, 1993), 169-96. Véase también Daniel J. Benor, *Healing Research* 1-2 (Munich: Helix Verlag, 1993). Dirección: Windeckstrasse 82, D-81375 Munich, Alemania.

muchos tipos de seres vivos, desde humanos hasta bacterias. Esto no significa que la oración funcione siempre, igual que los medicamentos y la cirugía tampoco funcionan siempre, sino que, estadísticamente hablando, la oración es efectiva.

• *La esperanza cura.* La fe ayuda a movilizar las defensas de una persona y favorece la recuperación de la salud, y el optimismo suele conducir a mejores resultados. Cientos de casos reales y estudios científicos confirman esta observación. A modo de ejemplo reciente, el psiquiatra Thomas Oxman y sus colaboradores de la Facultad de Medicina de Darmouth investigaron el papel que «el sentimiento y la actividad religiosa» podían tener en 232 pacientes de más de cincuenta y cinco años que se sometían a operaciones del corazón. Sus conclusiones: los pacientes[25] que al menos obtuviesen las fuerzas y el consuelo —¡esperanza!— suficientes de la religión tienen mayor probabilidad de vivir más tiempo después de haberse sometido a una operación de corazón que el resto de los pacientes.

• *La falta de esperanza mata.* Varios estudios[26] demuestran que los humanos podemos morir como

---

25. «...los pacientes que al menos obtienen un poco de fuerzas y consuelo -¡esperanza!- de la religión...» Para más información sobre el papel de la esperanza en la sanación, véase «Faith Heals», *Mental Medicine Update* 4, n° 2 (1995): 1.

26. «Varios estudios demuestran que los humanos podemos morir como resultado de pensamientos catastróficos...» Para más información sobre la muerte como consecuencia de la falta de esperanza, véase Larry Dossey, *Meaning & Medicine* (New York: Bantam, 1993).

resultado de pensamientos catastróficos y una profunda sensación de inutilidad.

Existen varios grados de esperanza. En un extremo del espectro, la esperanza puede realmente ser falsa; por ejemplo, la atractiva suposición de que el paciente que acaba de sufrir un ataque al corazón podrá levantarse de la cama al día siguiente o que el enfermo de cáncer podrá bailar salsa al anochecer. En el extremo opuesto del espectro, hallamos las predicciones catastróficas que no tienen nada que ver con la situación real. (Los médicos suelen referirse a esta actitud con la expresión «avanzar el luto», por la tradición de vestir de luto en un funeral.) Ningún extremo del espectro es conveniente; probablemente ambos son poco éticos. El mejor punto está situado aproximadamente en el centro.

¿Pero cuál es el punto exacto? ¿Hacia qué extremo del espectro debemos decantarnos cuando tratemos a un individuo enfermo? Por mucho que intentemos ser neutrales, la persona enferma percibe la esperanza o el pesimismo en nuestro comportamiento, palabras y actitud. No hay ninguna fórmula mágica. Cada individuo, cada médico, cuando se enfrenta a la enfermedad, debe hallar su propio lugar en el espectro de la esperanza.

Afortunadamente, el «problema de la esperanza» es más un problema para los médicos que para los pacientes. En los años que he ejercido como médico, he oído muchas quejas sobre «las falsas esperanzas», pero todas provenían de médicos, ninguna de sus pacientes. Durante la enfermedad, la mayoría de personas son capaces de adoptar una actitud bastante acertada y razonable. En cierto modo saben qué les depara el futuro y es poco probable que se dejen engañar por un desmesurado optimismo o falsas esperanzas. Su «detector de mentiras piadosas» (expresión que oí por primera vez cuando la utilizó el psicólogo y teólogo Sam Keen) suele funcionar bastante bien.

Muchos familiares y amigos de personas enfermas me han preguntado cómo deben comportarse cuando visitan al paciente en el hospital. ¿Deben mostrarse muy esperanzados? ¿Optimistas? En la mayoría de los casos, las palabras no son importantes. La persona enferma necesita amor, no conversación. Así pues, a todos aquellos que os inquietáis por las falsas esperanzas: no os preocupéis; si os resulta difícil demostrar esperanza, ofreced amor. A nadie le inquieta el «falso amor». El amor, como la esperanza, cura. Es la esencia de la oración. Si permitimos que la esperanza se confunda con el amor, el «problema de la falsa esperanza» desaparecerá.

Rezar por los demás sin su consentimiento

Nunca pensamos que necesitamos permiso para amar a otra persona. ¿Por qué no podemos rezar por los demás sin su consentimiento, si nuestras plegarias están motivadas por la compasión y el amor?

En nuestra sociedad, consideramos que algunos comportamientos están por encima de toda crítica, como por ejemplo ofrecer comida y alojamiento, a alguien que está en peligro o ayudar a los enfermos. Ofrecer una oración impulsada por el amor es una actitud similar.

Sin embargo, he descubierto que algunas personas

se oponen firmemente a la oración. Conozco a una de estas personas: es un hombre de una inteligencia extraordinaria que valora la capacidad intelectual por encima de todo. Considera que nuestra misión más noble en la vida consiste en aplicar el poder de la razón a los problemas que nos afligen y vivir con tanto coraje como sea posible. Desprecia lo que él llama el falso consuelo de la religión. No sólo está convencido de que la oración es inútil, sino que piensa que es evadir las propias responsabilidades, negarse a afrontar directamente los problemas. Al fin y al cabo, nosotros somos los que debemos salvarnos, ningún dios imaginario lo hará por nosotros. Cuando descubrió que una amiga estaba rezando por él, se puso furioso y la reprimió severamente. La oración, afirmó, es una forma arrogante de imponer el punto de vista personal a los demás. ¡Cómo se atrevía su amiga a suponer que sabía lo que era más conveniente para él! Ordenó a su amiga que se guardara sus plegarias para sí misma.

Esta reacción de protesta es bastante irónica. Si ese hombre piensa realmente que la oración es ineficaz, ¿por qué le preocupa tanto que pueda interferir en su vida? Irónica o no, la preocupación de aquellas personas que no desean que alguien rece por ellas nos lleva a la pregunta de si el consentimiento es necesario. ¿Cómo debemos actuar en estos casos tan delicados?

En mi opinión, en estas situaciones debemos tener en cuenta dos factores muy importantes: uno es el amor, que ya he mencionado anteriormente, y el otro es la urgencia.

Imagina que pasas las vacaciones con tu familia en el Gran Cañón del Colorado. Estás en un mirador, contemplando la majestuosidad del increíble paisaje. De repente te das cuenta de que tu mejor amigo ha tropezado y está rodando por el suelo hacia un precipicio de quinientos metros de profundidad. En esta situación actuarías con la mayor rapidez posible para alcanzar a tu amigo y salvarle del peligro. Nunca te pararías a esperar que te diera su consentimiento.

En el caso de la oración, muchas situaciones son de igual urgencia: el ser querido que ha tenido un accidente de coche, el cónyuge que ha sufrido un ataque al corazón. Rezar por los demás en estos casos es un acto inmediato y reflexivo. Rezamos sin planteárnoslo y no esperamos el consentimiento de la otra persona. Pero la mayoría de las situaciones que requieren la oración son más duraderas: el amigo a quien le han diagnosticado cáncer, una guerra que se prolonga, la pobreza de las grandes ciudades. Si la situación se alarga bastante, ¿es diferente la ética de la oración?

En los casos ambiguos en los que simplemente no sabemos cómo actuar, he descubierto que el dicho budista «¡Ten buen corazón!» es de gran utilidad. Tener buen corazón significa preocuparse sinceramente por los demás sin motivos ocultos. Cuando rezamos, ¿expresamos amor sincero o intentamos conseguir algo de otra persona? ¿Actuamos movidos por la compasión o utilizamos la oración para controlar a otra persona? ¿Nuestra empatía es auténtica o intentamos imponer nuestras preferencias a alguien camufladas en forma de oración?

Algunos de nosotros no damos mucha importancia al tema del consentimiento cuando rezamos porque sospechamos que es posible que la oración no funcione. Si la oración es ineficaz, el consentimiento no tiene ningún valor. Pero ¿y si la oración es más efectiva de lo que pensamos? Cuanto más convencidos estamos de que la oración realmente funciona, más importancia adquieren las cuestiones éticas.

La ética de rezar por los demás puede llegar a tener importancia legal. Si un policía quiere registrar tu casa, necesita una orden de registro. Si tú quieres rezar por mí, ¿necesitas que yo te firme un permiso? Si no lo tienes, ¿estás invadiendo mi intimidad sin una causa justificada? No es difícil imaginar futuras querellas y demandas legales relacionadas con temas de derecho a la intimidad.

Por otra parte, otra cuestión que complica el tema es la prueba de que la oración, además de curar, también puede hacer daño[27]. Varios experimentos científicos demuestran que es posible estimular y retardar procesos biológicos en los organismos vivos, a distancia, sin que el receptor sea consciente de ello. Esto implica que la oración, al igual que cualquier medicamento o intervención quirúrgica, tiene efectos secundarios. En la actualidad, los cirujanos necesitan que, antes de realizar una intervención, el paciente o un familiar suyo expresen su consentimiento por escrito firmando un formulario donde se detallan todos los riesgos que implica la operación. Si la oración tiene efectos secundarios, ¿es necesario que la persona que reza obtenga el consentimiento del destinatario antes de interceder por él?

Cada día será más difícil ignorar las consecuen-

---

27. «...otra cuestión que complica el tema es la prueba de que la oración, además de curar, también puede hacer daño...» Véase Larry Dossey, «When Prayer Hurts», en *Healing Words* (San Francisco: HarperSanFrancisco, 1993), 145-58.

cias legales de la oración. ¿Significa esto que los abogados tendrán más trabajo? ¿Se creará una nueva especialidad —legislación de la oración— en la profesión jurídica? (Todas aquellas personas que crean en el poder de la oración ya pueden empezar a rezar para que podamos ahorrarnos la invasión de los abogados en un aspecto más de nuestras vidas.)

El doctor Anthony Rippo[28], fundador del Instituto de Medicina y Oración de Santa Fe, se toma muy en serio la cuestión del consentimiento en la oración. Antes de rezar por sus pacientes, el doctor Rippo les muestra un escrito que refleja su voluntad de rezar por ellos, pero añade que sólo lo hará si ellos no tienen ninguna objeción. Si un paciente no acepta su oferta, el doctor Rippo elimina el nombre de ese paciente de su lista de oraciones. Su sistema funciona de maravilla. Casi todos los pacientes se muestran agradecidos por el hecho de que el doctor quiera rezar por ellos, y pocas veces rechazan su oferta.

Tratar el tema del consentimiento en la oración significa adentrarse peligrosamente en un terreno sensible y complejo, como demuestra el siguiente caso:

«Hace varios años[29], el marido de una amiga mía, Stephen, sufrió un terrible accidente de tráfico que le causó graves heridas. Inmediatamente organizamos varios grupos de oración en nuestra comunidad religiosa y también en otras. Los médicos se sorprendie-

---

28. « El doctor Anthony Rippo, fundador del Instituto de Medicina y Oración de Santa Fe...» La dirección del Santa Fe Institute for Medicine and Prayer es: 906 Canyon Road, Santa Fe, NM 87501, USA.

29. «Hace varios años, el marido de una amiga mía, Stephen, sufrió un terrible accidente...» Reproducido con el permiso de la autora; 20 de junio de 1995.

ron de que Stephen sobreviviera a las operaciones que le practicaron para salvarle la vida, y consideraron que había sido un milagro. Mientras Stephen seguía recuperándose, nosotros seguíamos rezando. Sin embargo, aunque Stephen había sido un hombre de negocios de éxito, un padre ideal y un líder de la comunidad, después del accidente las cosas ya no eran como antes. Parecía haber perdido toda su vitalidad y las ganas de vivir. Está sumido en una profunda apatía, como si nada le importara. Siempre estaba de mal humor y resultaba difícil tratar con él. Se había producido un cambio radical, puesto que antes era una persona alegre y cordial. No mostraba ningún interés por su mujer ni sus hijos. Parecía que lo aborrecía todo».

Diez años después falleció por causas naturales. Cuando murió, yo ya hacía tiempo que había adquirido la práctica de meditar todas las mañanas durante veinte minutos. Varios días después de la muerte de Stephen y mientras estaba meditando, de repente sentí su presencia. Estaba de pie delante de mí, sonriendo —como solía hacer antes del accidente—, y me dijo: «Finalmente he conseguido venceros a todos». Y después desapareció.

Reflexionando sobre lo ocurrido, sólo pude llegar a una conclusión: Stephen no quería seguir viviendo o tal vez se suponía que no debía vivir, pero el poder de todos los que rezaban por su recuperación le habían devuelto a la vida.

El accidente de Stephen y nuestras oraciones por su supervivencia ocurrieron mucho antes de que la mayoría de nosotros tomáramos consciencia del poder del pensamiento y la importancia de nuestros actos. Después de vivir aquella experiencia mientras meditaba, presté mucha más atención a las imágenes y las palabras que elegía al rezar por otra persona.

Existe un tipo de oración que permite evitar la mayoría de problemas relacionados con el consentimiento. Si simplemente rezamos: «Hágase tu voluntad», «Que sea lo mejor que pueda ocurrir» o «Que puedan obtenerse los resultados más positivos», entonces no estaremos imponiendo nuestra voluntad a otra persona. Invocamos a una sabiduría superior sin decir a nadie lo que debe hacer. Este tipo de oración recibe el nombre de *oración no dirigida*, por oposición a la *oración dirigida*, donde la persona que reza pide unos resultados concretos. Los experimentos que se han realizado comparando estos dos tipos de oración demuestran que ambos funcionan. Una persona puede influir sobre algo mediante la oración sin exigir un resultado concreto.

Las oraciones no dirigidas, ofrecidas con amor, son una de las mejores opciones para rezar sin el consentimiento de la persona objeto de nuestras plegarias.

Utilizar fondos públicos para investigar sobre la oración

Soy consciente de que el hecho de utilizar fondos públicos para investigar la oración es un tema polémico, pero no tanto como puede parecer. Más de un noventa por ciento de la gente reza, y la inmensa mayoría están a favor del uso de fondos públicos para investigar sobre la oración. La mayoría opinan: «Es una forma maravillosa de utilizar el dinero del contribuyente, sobre todo teniendo en cuenta en qué se invierte normalmente el dinero de mis impuestos». Considero que la gente debería estar informada de este debate, que sin duda adquirirá bastante protagonismo en el futuro.

En 1992, el Congreso de los Estados Unidos creó la Oficina de Medicina Alternativa dentro del Instituto Nacional de la Salud. Entre las funciones de esta oficina figura la de evaluar si las terapias no tradicionales permiten obtener los resultados prometidos, y se centra en tres preguntas: ¿Funcionan estas terapias? ¿Tienen efectos secundarios? ¿Es adecuada la relación coste-rendimiento? La Oficina de Medicina Alternativa no se dedica a la investigación, sino que evalúa y subvenciona estudios propuestos por investigadores externos. Para que se considere la posibilidad de subvencionar una propuesta, ésta debe contar con una buena base científica.

El doctor Scott Walker, de la Facultad de Medicina de la Universidad de Nuevo Mexico, en Albuquerque, presentó una propuesta. El doctor Walker diseñó un estudio para evaluar los efectos de la oración intercesora a distancia en un programa de rehabilitación de alcohólicos y drogadictos. Ni el equipo médico ni los pacientes que participaban en el programa sabían por quiénes se estaba rezando y por quiénes no. ¿Habría alguna diferencia? ¿Las personas por quienes se rezaba evolucionarían mejor que aquellas que sólo recibían el tratamiento convencional? (En el momento de escribir este libro, todavía no se conocían los resultados del estudio del doctor Walker.)

En 1994, cuando la Oficina de Medicina Alternativa publicó una relación de los estudios que había subvencionado, la atención de la prensa se centró en el estudio que se estaba llevando a cabo en la Universidad de Nuevo Mexico. La mayoría de cadenas de televisión norteamericanas solicitaron el permiso del doctor Walker para enviar un equipo a Albuquerque y «filmar la plegaria en acción». Haciendo honor a su calidad de buen científico, el doctor Walker se negó rotundamente. Simplemente dijo: «Primero permítanme terminar el estudio; vuelvan después».

Cuando la opinión pública tuvo noticia del estudio que se estaba realizando, pronto surgieron las críticas. Una de las objeciones más vehementes fue la emitida por la Fundación Liberación de la Religión de Madison, en el estado de Wisconsin. Esta organización escribió una carta a la secretaria del Departamento de Salud y Recursos Humanos, Donna Shalala, condenando el hecho de que el dinero de los impuestos se estuviera gastando en evaluar la oración y exigiendo que nunca volviera a ocurrir nada semejante. Afirmaban que se estaba violando la separación constitucional entre la iglesia y el estado. La secretaria Shalala y su departamento no les concedieron ninguna respuesta oficial, pero el incidente se mencionó en la mayoría de periódicos de todo el país. Annie L. Gaylor, portavoz de la Fundación Liberación de la Religión, dijo: «Si yo supiera que mi médico está rezando por mí, buscaría a otro. Prefiero que crean en la medicina»[30], insinuando que los médicos no pueden creer en ambas cosas y que los mejores profesionales

---

30. «Si yo supiera que mi médico está rezando por mí, buscaría a otro.» Annie L. Gaylor, citada por Steve Brewer, «UNM [University of New Mexico] Study on Prayer Raises Ire», *Albuquerque Journal*, 3 de mayo de 1995.

de la medicina son agnósticos. Gaylor negó la existencia de cualquier prueba que demostrara los efectos de la oración, ya que al parecer desconocía los numerosos experimentos que se han realizado en este campo.

El doctor Walker y sus colegas de la Facultad de Medicina respondieron afirmando que no estaban fomentando la oración ni la religión, sino que la ciencia debía estudiar todas las terapias o técnicas que pudieran influir en la salud del cuerpo humano. Señalaron que los fondos públicos se destinaban al estudio de los efectos sanadores de las prácticas religiosas en general, incluyendo la oración, desde hacía tiempo. Ellos estaban investigando una terapia que se había revelado bastante prometedora a través de otros estudios previos. Su experimento no era nada nuevo.

El debate sobre el uso de fondos públicos para investigar los efectos de la oración en la salud todavía continúa. En general, las personas que son reacias parecen estar muy poco informadas de que se han realizado estudios sobre el tema desde hace décadas, y éstos demuestran claramente que la oración es positiva para la salud. Aquellos que se oponen a la subvención de los estudios sobre la oración por motivos constitucionales se han unido a los grupos religiosos que creen que «poner a prueba a Dios» en un laboratorio es una herejía. A todos ellos también se han unido algunos científicos que son escépticos con respecto a la oración y consideran que no debería estudiarse. Desde luego la oración tiene que ser realmente poderosa para unir a colectivos tan diferentes entre sí.

Este tipo de oposición no es nada nuevo. Cuando Benjamin Franklin inventó la lámpara de electricidad en la América colonial, los fanáticos religiosos se opusieron firmemente a su descubrimiento. Afirmaban que no estaba bien desviar la luz desde las casas de los pecadores, a quienes Dios la había enviado como castigo. Así pues, la lámpara de electricidad era una blasfemia; contravenían la voluntad del Todopoderoso. Los críticos religiosos no se dejaban convencer por el hecho evidente de que la luz también podía utilizarse para proteger los hogares de las personas honradas, entre las cuales se incluían, presumiblemente, los suyos.

Cuando se conozcan mejor las pruebas científicas de los efectos de la oración sobre la salud, la oposición disminuirá. Mientras este debate se prolonga, importantes científicos siguen estudiando los efectos de la oración sobre la salud en silencio, lejos de la mirada del público. Mientras lo hagan así, los que se oponen a estos experimentos no necesitan preocuparse mucho. Casi todos estos estudios se subvencionarán con fondos privados, no públicos. Y cuando se revelen los resultados veremos, si los estudios ya realizados no se equivocan, que la oración funciona, y que ésta, como la luz eléctrica, puede utilizarse tanto en favor de los creyentes como de los agnósticos.

Negligencia médica y negarse a utilizar la oración

En mayo de 1995[31], el *Diario de la Asociación de Médicos de América* publicó un artículo titulado: «¿De-

---

31. «En mayo de 1995...» Véase Charles Marwick, «Should Physicians Prescribe Prayer for Health? Spiritual Aspects of Well-Being Considered», Journal of the American Medical Association 273, nº 20 (24 de mayo de 1995): 1561-62.

berían los médicos recetar la oración para recuperar la salud?» Este artículo describía la evidencia cada vez más irrefutable de que las prácticas religiosas, incluyendo la oración, están relacionadas con el aumento de la salud física. La publicación de este artículo en un diario médico es profética: indica que los doctores cada día se enfrentan a más preguntas relacionadas con la oración en la práctica de su profesión.

Los estudios realizados plantean algunas dudas. Si las pruebas a favor de la oración son válidas, como creen muchos expertos, ¿tienen los médicos justificación alguna para ignorarlo? Si la oración funciona, ¿cómo podemos justificar nosotros, los médicos, el hecho de no informar a nuestros pacientes de que la oración puede ayudarles?

Yo me enfrenté a este dilema en mi propia carrera como especialista en medicina interna. Después de descubrir la existencia de estudios científicos que validaban la oración, se despertó mi interés por el tema. Me pregunté: «¿Debería utilizar la oración por el bien de mis pacientes?» Decidí que no hacerlo era como negar un medicamento o una intervención quirúrgica necesarios, y empecé a rezar por mis pacientes a diario.

¿Llegará un punto en que a los médicos que ignoren la oración se les considerará culpables de negligencia? La negligencia no tiene ningún significado absoluto. Legalmente se define en función de las normas médicas establecidas en una comunidad determinada. Como las normas varían, la negligencia es un concepto diferente dependiendo del lugar.

¿Qué ocurriría si la mayoría de médicos de una zona determinada estuvieran convencidos de que la oración es eficaz y empezaran a recomendarla a sus pacientes? ¿Significaría esto que aquellos de sus colegas que no cumplieran esta nueva norma de la comunidad serían culpables de negligencia? Tal vez no, debido a la tendencia a considerar la oración como un recurso religioso, no médico. Pero este punto de vista puede cambiar cuando se conozcan mejor las pruebas científicas que demuestran los beneficios físicos de la oración.

La oración es un tema médico y científico. Hasta la fecha actual, se han realizado más de ciento treinta estudios científicos para investigar los efectos de la oración intercesora[32], y más de la mitad demuestran que la oración tiene un efecto significativo. Además, más de doscientos cincuenta estudios demuestran que, por término medio, las prácticas religiosas que incluyen la oración favorecen la salud. Un número cada día mayor de médicos están descubriendo estas informaciones a través de artículos como el publicado por el

---

32. «Hasta la fecha actual, se han realizado más de ciento treinta estudios científicos para investigar los efectos de la oración intercesora...» Para más información sobre estos estudios, véase Larry Dossey, *Healing Words: The Power of Prayer and the Practice of Medicine* (San Francisco: HarperSanFrancisco, 1993); véase también Daniel J. Benor, *Healing Research* 1-2 (Munich: Helix Verlag, 1993). Para más información sobre los 250 estudios sobre las prácticas religiosas y la salud, véase Jeffrey S. Levin, «Religion and Health: Is There an Association, Is It Valid and Is It Causal?» *Social Science and Medicine* 38 (1994): 1475-1482. Véase también J. S. Levin y P. L. Schiller, «Is There a Religious Factor in Health?» *Journal of Religion and Health* 267 (1987): 9-36. Véase también el innovador estudio del doctor David B. Larson. Es especialmente recomendable su revisión, junto con Susan S. Larson, del tema de la religión y la salud, *The Forgotten Factor in Physical and Mental Health: What does the Research Show?* Esta información también está disponible en forma de un módulo de autoaprendizaje y puede obtenerse solicitándolo al National Institute for Healthcare Research (Dr. David B. Larson, presidente), 6110 Executive Blvd., Suite 680, Rockville, MD 20852.

Diario de la Asociación de Médicos de América, mencionado anteriormente, y a través de libros. También se están celebrando importantes conferencias sobre el tema, como por ejemplo la que llevaba por título «La espiritualidad y la sanación en medicina», que tuvo lugar en la facultad de medicina de Harvard en diciembre de 1995, organizada por el doctor Herbert Benson, un pionero en la investigación de la oración.

A medida que se vayan celebrando más conferencias y se publiquen más artículos científicos que divulguen los últimos descubrimientos en este campo, es posible que las normas médicas de nuestra sociedad se modifiquen e incluyan la oración como un recurso legítimo y científicamente válido. ¿Qué ocurrirá cuando recomendar la oración se convierta en norma general? ¿Se acusará a los médicos que no recomienden su empleo de no cumplir la norma?

Como en el caso de casi todos los tratamientos, *recomendar* también debería ser un concepto clave con respecto al uso de la oración. Como médico interno, yo no practico intervenciones quirúrgicas a mis pacientes, pero se supone que debo recomendarles a un cirujano cualificado. Con la oración ocurre lo mismo. Es posible que un médico decida no rezar por sus pacientes, pero si el uso de la oración es una norma en la comunidad de ese médico, entonces puede recomendar otras fuentes de oración al paciente, como por ejemplo iglesias, religiosos, sacerdotes o grupos de oración. Actuando de este modo, el médico habrá cumplido con su obligación de respetar las normas de su comunidad.

Cuando en la práctica de la medicina nos tomamos la oración en serio, pueden surgir otras cuestiones de carácter legal. ¿Deberían los médicos rezar por los pacientes sin su consentimiento? ¿La oración no solicitada es una invasión de la intimidad personal? ¿Cómo se puede evitar que algunos médicos impongan sus creencias religiosas personales a sus pacientes y se sirvan de la oración para evangelizarles?

Existe otro aspecto en relación al tema de oración y negligencia: no el hecho de no utilizarla, sino la decisión de usarla. En un artículo publicado en el periódico norteamericano *Wall Street Journal* sobre los estudios científicos de la oración, Richard J. Goss, catedrático de biología de la Universidad Brown, afirma: «Si mi médico rezara por mi recuperación, me plantearía la posibilidad de demandarle por negligencia»[33]. Tal vez sería difícil ganar un caso así. Como ya hemos señalado, el concepto de negligencia se define en función de las normas médicas establecidas en una comunidad determinada. Si aproximadamente la mitad de los médicos norteamericanos rezan por sus pacientes, como revela un estudio reciente realizado por el Instituto Nacional para la Investigación Sanitaria, sería bastante difícil ganar un pleito contra un médico porque éste rezaba por un paciente. Si la oración es la norma general entre estos profesionales de la salud, no sería negligencia.

¿Se enfadarían los pacientes al saber que su médico reza por ellos? Seguramente sería una reacción poco habitual. Una encuesta[34] reveló que más del

33. «Si mi médico rezara por mi recuperación, me plantearía la posibilidad de demandarle por negligencia.» Richard J. Goss, citado por Joseph Pereira, «The Healing Power of Prayer is Tested by Science», *Wall Street Journal*, 20 de diciembre de 1995.

75 por ciento de los pacientes opinaban que su médico debería considerar los temas espirituales como parte del tratamiento; un 40 por ciento deseaban que su médico hablara abiertamente de temas religiosos con ellos; casi el 50 por ciento de los pacientes hospitalizados querían que sus médicos no sólo rezaran por ellos, sino también con ellos.

A pesar de estas estadísticas, es posible que algunos especialistas prefieran no recurrir a la oración y decidan no rezar ellos ni recomendar a sus pacientes que recurran a otras personas o grupos. Tal vez los pacientes que comparten este punto de vista mostrarán su preferencia por este tipo de médicos. ¿Es posible que en el futuro aparezca la «medicina sin oración»?

Mientras continúa el debate sobre la categoría de la oración dentro de la medicina, no olvidemos que nada puede conseguir que los médicos practiquen la oración. La oración que se exige carece de amor y empatía sinceros, elementos necesarios para que sea eficaz. Si un médico desea rezar por su paciente, ese paciente será afortunado, pero todos los abogados y demandas por negligencia del mundo no conseguirán crear un lugar para la oración sincera en

---

34. «Una encuesta reveló que más del 75 por ciento de los pacientes opinaban...» David B. Larson y Mary A. Greenwold Milano, «Are Religion and Spirituality Clinically Relevant?» *Mind/Body Medicine* 1, n° 3 (1995): 147-57. Para más información sobre la discusión de temas religiosos entre médico y paciente, véase T. A. Maugans y W. C. Wadland, «Religion and Family Medicine: A Survey of Physicians and Patients», *Journal of Family Practice* 31 (1991): 210-13. Para más información sobre la opinión de pacientes ingresados en hospitales con respecto al uso de la oración de sus médicos, véase D. E. King y B. Bushwick, «Beliefs and Attitudes of Hospital Inpatients about Faith Healing and Prayer», *Journal of Family Practice* 39 (1994): 349-52.

el corazón de un médico si no existe una predisposición inicial.

Lo que más necesitamos no es la legalización de la medicina, sino su sacralización.

¿Exigirías que tu médico rezara?

En una ocasión me operaron de una hernia discal que me impedía moverme y me causaba un intenso dolor. Cuando las medidas simples no funcionaron, decidí someterme a una intervención quirúrgica. A la hora de elegir al cirujano adecuado, tuve en cuenta varios factores. El factor más importante para mí era la habilidad y experiencia, no sus creencias religiosas personales. Me preocupaba más que el cirujano estuviera bien cualificado para la práctica de la cirugía que para la práctica de la oración. Pensé: «Tú ocúpate del bisturí y yo me ocuparé de las plegarias».

No es necesario que la oración se origine en la persona que lleva el estetoscopio. Podemos rezar en lugar del médico, y también podemos reclutar a otras personas —amigos, familiares, sacerdotes— para que hagan lo mismo.

Un estudio reciente realizado por el doctor David B. Larson y sus colegas del Instituto Nacional para la Investigación Sanitaria de Rockville, en el estado de Maryland, demostró que un 43 por ciento de los médicos norteamericanos rezan por sus pacientes. ¿Cómo sabes que tu médico no reza por ti? Muchos especialistas rezan a solas y en silencio. Parece que siguen las instrucciones de Jesús de «encerrarse en su habitación» cuando rezan al pie de la letra, y consideran que estas plegarias son tan efectivas como las que se dicen en voz alta junto a la cama.

La oración cada día está más presente en la medicina, y por este motivo cada vez será más fácil encontrar a médicos que sean buenos profesionales y que también crean en el poder de la oración. Hasta entonces, ¿cómo debemos actuar? Si puedes encontrar a un médico competente y que además rece por sus pacientes, perfecto. Pero si debes elegir entre un médico que rece y de dudosa competencia y un médico que no rece y sea muy buen profesional, mi consejo es que elijas al segundo y te reserves la tarea de rezar para ti mismo. Si tienes un tumor cerebral y sólo hay un neurocirujano disponible, no sería buena idea rechazarlo sólo porque no reza.

Cuando necesitamos atención sanitaria, la mayoría de nosotros queremos que nuestro médico comparta nuestras creencias religiosas, pero deberíamos tener cuidado y no acosar con demasiadas exigencias religiosas a los médicos que nos atienden. No debemos olvidar que han existido grandes sanadores en culturas que adoraban a dioses que no son el nuestro, como por ejemplo Hipócrates, el legendario padre griego de la medicina moderna, y el gran médico persa Avicena. Sin duda alguna, una persona puede ser un magnífico médico y no rezar a ningún dios concreto, o quizá ni siquiera orar. Conozco a médicos ateos y agnósticos que son grandes profesionales y se preocupan mucho por sus pacientes, y tanto éstos como sus ayudantes les aprecian enormemente. También conozco a médicos que rezan pero sus pacientes no les soportan. Al igual que la competencia médica no es exclusiva de los médicos que se graduan en una facultad concreta, tampoco está reservada a los médicos que profesan una determinada religión o a aquellos que rezan.

Como paciente, preferiría que mi médico rezara, siempre que fuera un profesional competente. Pero si tuviera que elegir, preferiría que me atendiera un especialista cualificado que fuera ateo y soltara un taco cada tres palabras antes que un médico que nunca se perdiera la misa del domingo, pero no fuera muy hábil en su profesión.

Si la oración resultara suficiente para convertir a una persona en buen médico, mañana mismo podríamos cerrar todas las facultades de medicina. Algo me dice que tendremos que mantenerlas abiertas.

TERCERA PARTE

¿Qué es la oración?

El universo es oración

Nadie sabe cómo ni cuando se inició la oración. Hace casi dos mil años, Plutarco, el biógrafo e historiador griego, ya manifestó su sorpresa por este hecho: «Si recorremos el mundo, podremos encontrar ciudades sin murallas, sin letras, sin riquezas, sin moneda, sin escuelas ni teatros, pero nadie ha visto jamás una ciudad sin un templo o que no practique ningún tipo de culto u oración».[35]

Con frecuencia los científicos intentan explicar los orígenes de la oración mediante conceptos de biología evolutiva. Según la teoría de la evolución de las especies, aquellas características y comportamientos que ayudan a un organismo a sobrevivir y reproducirse se perpetúan en el tiempo. A la larga, la agudeza visual, la velocidad y la coordinación muscular se im-

---

35. Plutarco citado en C. L. Sulzberger, *Go Gentle into the Good Night* (Englewood Cliffs, NJ: Prentice-Hall, 1976), 24.

ponen sobre la mala visión, la lentitud y la torpeza. El hecho de que la oración haya sobrevivido a lo largo de la evolución sugiere que también puede aportar algún beneficio a la persona que reza, de lo contrario habría dejado de existir hace ya mucho tiempo. ¿Qué ventajas proporciona la oración?

Los seres humanos, quienes siguen aventurando las suposiciones, sintieron la necesidad de rezar cuando se encontraron en un entorno hostil donde el hambre y la muerte eran características de la vida diaria. Necesitados de ayuda, empezaron a mirar más allá de sí mismos y se dirigieron a espíritus imaginarios y dioses creados por la fantasía. Así pues, la oración tiene sus raíces en el miedo y la desesperación. Los escépticos afirman que hoy en día rezamos básicamente por los mismos motivos. Tanto si lo hacemos para disfrutar de buena salud como para ganar la lotería, seguimos buscando ayuda fuera de nosotros mismos, tal como lo hicieron nuestros antepasados.

Pero si la oración sólo es producto de la fantasía y la imaginación, ¿por qué todavía hoy sigue existiendo? ¿Por qué no ha desaparecido a lo largo de la evolución? Los partidarios de la teoría de la evolución tienen una explicación muy simple para ello: si uno reza y está convencido de que recibirá ayuda, es probable que se esfuerce más para obtener los resultados deseados. Ya sea producto de la fantasía o no, la oración potencia nuestro propio esfuerzo y nos anima a hacer que las cosas ocurran. Así pues, las personas que rezan tienen ventaja en el juego de la supervivencia. Y, puesto que cualquier comportamiento que proporcione una ventaja así tiende a perpetuarse, la oración todavía existe.

Por muy lógico que parezca este razonamiento, las teorías de la biología evolutiva no son capaces de explicarlo todo. Los biólogos no pueden explicar los efectos *a distancia* o *no locales* de la oración. Están convencidos de que estos fenómenos no pueden ocurrir porque la mente no puede sobrepasar los límites del cerebro y el cuerpo. El problema es que estos fenómenos sí ocurren. Cuando se ha puesto a prueba la oración[36] en laboratorios modernos, se ha comprobado que tiene efectos *a distancia* y *no locales*.

Sin embargo, los biólogos tienen razón en una de sus afirmaciones: la oración proporciona una ventaja a la persona que reza. Pero esta ventaja no consiste sólo en hacer que se esfuerce más para convertir sus deseos en realidad, aunque esto puede ocurrir hasta cierto punto. De hecho, la oración amplía el alcance de la consciencia humana. Para el ser humano es una forma de trascender nuestras limitaciones físicas, de ser como dioses.

Es prácticamente seguro que la capacidad de la consciencia de funcionar de forma no local, como en la oración a distancia, no se originó en los humanos. Los animales y los pájaros son capaces de saber cosas a distancia. Por ejemplo, existen muchos casos documentados de animales que se habían perdido y encontraron de nuevo a sus propietarios a cientos de miles de kilómetros de distancia, viajando hacia lugares muy concretos donde nunca habían estado antes.

---

36. «Cuando se ha puesto a prueba la oración...» Para más información sobre experimentos científicos sobre la oración no local, véase Larry Dossey, *Healing Words: The Power of Prayer and the Practice of Medicine* (San Francisco: HarperSanFrancisco, 1993).

Estos casos no pueden explicarse[37] con teorías sobre el instinto animal, hipótesis relativas a la navegación solar o estelar o por los cristales magnéticamente sensibles del cerebro. La capacidad de estas criaturas de conocer de forma no local también puede ser un tipo de oración, una capacidad que los humanos también utilizamos cuando practicamos la oración intercesora o a distancia.

¿Es posible que las raíces de la oración se extiendan en mayor profundidad en la naturaleza que incluso los humanos, los animales y los pájaros? ¿Es posible que las raíces de la oración se extiendan hasta la propia materia? Las resultados de los estudios científicos realizados sobre la existencia de acontecimientos no locales más profundos se han conseguido en el campo de las partículas subatómicas. Si separamos dos electrones que estaban en contacto y los colocamos bastante separados el uno del otro, un cambio en uno de ellos estará asociado con un cambio inmediato en el otro. La distancia es arbitraria; podrían estar situados en dos extremos del universo. Los electrones no «hablan» entre ellos porque los cambios son instantáneos, es decir, no hay tiempo suficiente para que pueda transmitirse una señal de ningún tipo. Así pues, las partículas separadas se comportan como si en cierto modo fueran una sola, están unidas como si formaran un único conjunto. Éste puede ser uno de los tipos de comunicación a distancia más importan-

---

37. «Estos casos no pueden explicarse...» Para más información sobre la capacidad de la mente de funcionar a distancia, véase Rupert Sheldrake, *Seven Experiments That Could Change the World* (New York: Riverhead, 1995), 33-72.

tes que jamás se hayan identificado: las dos entidades están tan íntimamente conectadas que cada una experimenta lo mismo que la otra, por muy grande que sea la distancia física que les separa.

¿Es la comunicación a distancia de las partículas subatómicas una forma de oración? Si la respuesta es afirmativa, el universo entero es oración.

Hay un viejo refrán que dice: «Si quieres ocultar un tesoro, ponlo a la vista de todo el mundo». Si la comunicación a distancia de las partículas subatómicas es una forma de oración, entonces la oración está a nuestro alrededor y en nosotros. Estamos impregnados de oración, incluso en los átomos y los elementos que constituyen nuestro cuerpo; comemos, bebemos y respiramos oración. La oración no es simplemente una cosa que hacemos, es lo que somos.

¿Somos capaces de abrir los ojos y ver este tesoro?

La oración es una actitud del corazón

Una de mis mejores amigas, Anne, tiene cinco años. Sus padres son bastante religiosos y la llevan a la iglesia con frecuencia. Como resultado, Anne practica la oración y se ha convertido en uno de mis informadores favoritos sobre temas espirituales. A veces me enseña más de lo que yo esperaba.

Durante una de nuestras charlas, Anne me planteó una profunda pregunta: «Larry, ¿por qué la oración es tan ruidosa?»

La pregunta de Anne me devolvió bruscamente a mi época escolar. ¿Qué es la oración y por qué generalmente la relacionamos con el hecho de hablar? El «carácter hablador» de la oración suele iniciarse durante la infancia, cuando bendecimos la mesa antes de comer y damos gracias antes de acostarnos. Cuando nos convertimos en adultos, la oración ya llega a ser ruidosa. Con los años, nuestro concepto de oración incluye la suposición de que ésta no sólo implica el uso de palabras, sino que también se caracteriza por otros rasgos muy concretos. Normalmente evoluciona hasta llegar a algo de este tipo:

Rezar es hablar en voz alta o interiormente con una figura paterna cósmica, masculina y de raza blanca que prefiere que le hablen en español.

Este concepto de la oración conlleva muchos problemas, a pesar de ser el más generalizado en nuestra sociedad. En primer lugar, Jesús y los fundadores del cristianismo no hablaban español. De hecho, ninguno de los fundadores de las religiones más importantes del mundo dominaban nuestro idioma. ¿Y qué hay del género? Muchas personas que rezan no se dirigen a una figura masculina, sino a una diosa. ¿Y qué hay de asignar atributos personales a nuestro concepto del Todopoderoso cuando rezamos (asumir, por ejemplo, que el Divino nos está «escuchando»)? Millones de personas rechazan la idea de que exista un dios concreto y con figura humana a la cual podamos dirigir nuestras oraciones. El budismo es un ejemplo de ello, pues no se trata de una religión teísta. Los budistas no rezan a una divinidad concreta, sino al Universo, y rezan constantemente. ¿Acaso las oraciones budistas no son legítimas? ¿Realmente rezan los budistas? A pesar de que muchos fundamentalistas afirmen que la oración no cristiana no es auténtica, los budistas se sorprenderían mucho si alguien les dijera que no rezan bien. ¿Y por qué incluimos la raza en nuestro concepto de oración? La mayoría de personas de este mundo que rezan no son de raza blanca, y seguramente no imaginan al Todopoderoso como caucásico. Para millones de personas, la imagen antropomórfica y personalizada del Todopoderoso no tiene sentido. Prefieren dirigir sus oraciones a un orden, una majestuosidad y una belleza universales o cósmicas.

Volviendo a la pregunta de Anne, ¿es la oración una forma de hablar? ¿Es necesario utilizar palabras? Una mujer me escribió diciendo lo siguiente: «Siento un profundo deseo de rezar, pero no consigo que me salgan las palabras. Me parecen innecesarias y sin sentido». Oscar Wilde tenía dudas similares con respecto a las palabras. En una ocasión escribió: «No hablo con Dios para no aburrirle».

En su forma más simple, la oración es una actitud del corazón; es una cuestión de ser, no de hacer. La oración es el deseo de establecer contacto con lo Absoluto, sea cual sea la concepción que tengamos de ello. Cuando sentimos la necesidad de establecer este contacto, estamos rezando, tanto si usamos palabras como si no.

Eso no significa que las palabras sean negativas. Muchas personas sienten la necesidad de expresar verbalmente su unidad con Dios, la Diosa, lo Divino, el Universo, lo Absoluto, y utilizar su voz para emitir palabras o canciones. Si necesitamos recurrir a las palabras, debemos hacerlo. Pero la esencia de la oración no es algo que se dice el domingo en la iglesia, antes de comer o antes de acostarse. La esencia de la oración supera todos los padrenuestros y avemarías.

Anne se planteó algo importante: la oración no necesita ser ruidosa. Es una actitud del corazón, y por ello puede ser invisible, silenciosa, callada. Como dijo Thomas Merton, el escritor y monje católico: «Yo rezo respirando».

Siguiendo el camino descubierto por Anne, podemos ampliar la definición de oración:

La oración es la comunicación con lo Absoluto.

Esta definición es deliberadamente amplia. Permite que la gente defina el término *comunicación* como prefiera. También invita a que cada persona imagine lo Absoluto a su manera, incluyendo la idea de que lo Absoluto es tanto trascendente como inmanente, está fuera de nosotros y en nuestro interior.

En la oración, cada persona puede rellenar los espacios en blanco como prefiera.

La oración es lo que necesita ser

El jefe de cirugía de un importante hospital me dijo en una ocasión: «Durante mucho tiempo he pensado que no creía en la oración. Pensé que había desaparecido de mi vida al terminar la escuela y mis estudios en la universidad, pero ahora me doy cuenta de que estaba equivocado. He estado rezando por mis pacientes durante todo este tiempo, cada vez que practico una operación».

El cirujano siguió describiendo su forma de rezar. Para él, la oración es el sentimiento sincero de compasión y empatía que siente por sus pacientes antes de entrar en el quirófano. Este sentimiento le crea una sensación de unidad no sólo con sus pacientes, sino también con todo el equipo de cirugía. En su corazón siente que participa en una importante misión, y sabe que la operación será más que un simple ejercicio técnico.

«¿Por qué pensaste que habías olvidado la oración y que ya no rezabas?», le pregunté.

«Crecí asociando la oración con palabras», respondió. «Las plegarias eran un conjunto de palabras que se pronunciaban, principalmente para conseguir algo. La oración era un ejercicio verbal de egoísmo. Para mí era como un fraude, y yo no quería tener nada que ver con ello.»

Siguió describiendo cómo había cambiado su opinión con respecto a la oración: «Cuando practico una intervención quirúrgica, estoy totalmente concentrado e inmerso en lo que está ocurriendo. Cuanto más difícil es la operación, más intensa es la sensación. A veces siento como si el bisturí, el paciente y yo estuviéramos totalmente unidos y formáramos una sola unidad. Esta sensación suele ir acompañada de un sentimiento de reverencia. No puedo describirlo, es imposible explicarlo con palabras. Para mí, esta experiencia es una forma de oración; no es algo que diga o haga, sino algo que siento».

El cirujano no se equivocaba: muchas veces la oración supera los límites de las palabras. Sin embargo, la oración verbal no siempre es poco adecuada. Si sentimos el deseo o la necesidad de hacerlo, podemos gritar nuestras plegarias desde lo alto de una montaña o adornar las palabras con música para formar cánticos. El lenguaje es un precioso don, ¿por qué no utilizarlo para rezar?

No todos tenemos la misma facilidad de palabra y debemos dar gracias por ello, ya que sería insoportable vivir en una sociedad donde todo el mundo fuera un maravilloso orador. En consecuencia, es natural que cada persona exprese sus oraciones de formas diferentes y algunas recurran más que otras a las palabras.

¿La oración es un conjunto de palabras? ¿Es silencio? La oración es lo que necesita ser. Cuando sale de nuestro interior, debemos permitir que siga su curso más natural y espontáneo.

Los problemas surgen cuando levantamos presas o diques: cuando insistimos, por ejemplo, en que siempre debería ser verbal, silenciosa, con música, acompañada de rituales, divertida o seria. Cuando encerramos la oración dentro de los límites de un concepto rígido, excluimos a mucha gente, personas que, como mi colega cirujano, sienten que no rezaban porque su forma de orar no se ajustaba a las normas religiosas impuestas.

Una oración para la oración

Dejemos que la oración sea.
Dejemos que siga
los infinitos caminos del corazón humano.
Aprendamos a practicar el arte más difícil,
el arte de no interferir.
Dejémonos guiar por la oración
en lugar de intentar guiarla.

Dejemos que la oración sea lo que necesite ser,
que sea lo que es.
Dejemos que la oración sea.

Distinguir la religión de la oración

Es posible rezar sin ser religioso, a la vez que una persona puede ser religiosa y no rezar.

La oración y la religión se confunden a menudo, porque en todas las culturas ambas se asocian con los mismos ritos y ceremonias. En su forma más simple, sin embargo, la oración no requiere catedrales, iglesias, sacerdotes ni ministros. La oración es y siempre ha sido una cuestión del corazón: el intento de una persona de comunicarse con lo Absoluto.

Pero la religión puede fomentar la oración, y la necesidad de ritos y ceremonias, como la necesidad de rezar, está profundamente arraigada en la naturaleza humana. Tal vez por esta razón, como señala el monje benedictino David Steindl-Rast, la gente se siente inevitablemente atraída por la religión. Para la mayoría de personas, las creencias religiosas son un complemento de la oración y ambas coexisten con toda naturalidad.

Sin embargo, en todas las religiones existen fundamentalistas que creen que una persona no puede practicar la «verdadera oración» si no es miembro de su religión. Esta afirmación puede refutarse fácilmente. Como ya hemos visto, la oración puede someterse a experimentos científicos en un laboratorio para comprobar si funciona o no. Se han estudiado las plegarias de varias personas pertenecientes a religiones diferentes y se ha comprobado que las oraciones de muchas religiones funcionan. De hecho, no existe ninguna relación entre las creencias religiosas de la persona que reza y los resultados o la efectividad de la oración.

El amor es un factor clave para que la oración sea efectiva, no la religión que la acompañe. Como ya hemos señalado, este argumento permite que muchos cristianos que creen en «el único Dios verdadero» acepten el hecho de que las oraciones de diferentes religiones funcionan. Los cristianos creen que Dios es amor. Si el amor es esencial para que los experimentos sobre la oración funcionen bien, ¿no estará presente Dios en todos ellos? De este modo, los cristianos pueden ver la presencia de Dios en todas las plegarias, no sólo en las suyas. Esto les permite reafirmar su propia tradición sin condenar las plegarias de los demás.

El cuerpo no distingue la oración de la meditación

Tanto la oración como la meditación provienen del corazón, y existen más semejanzas que diferencias entre ambas.

Comparemos, por ejemplo, la práctica de repetir el nombre de Jesús o María en las oraciones cristianas con el hábito de repetir un mantra, una palabra con un significado especial, en ciertos tipos de oraciones budistas. Durante la práctica de ambas, el individuo se siente invadido por una sensación de serenidad y conexión con algo superior, tanto si ese «algo superior» se relaciona con Dios, una Diosa, Buda, el Universo o lo Absoluto.

En la década de los setenta, el doctor Herbert Benson, especialista en medicina cardiovascular de la facultad de medicina de Harvard, estudió la respuesta del cuerpo cuando se realizaban determinadas prácticas: oración cristiana, meditación trascendental, *biofeedback*, hipnosis y unas técnicas de relajación llamadas entrenamiento aut;ogeno y relajación progresiva. Descubrió que el cuerpo reaccionaba del mismo modo en todos los casos, reacción que el doctor llamó Respuesta de Relajación.

Esta reacción consistía en un descenso del ritmo cardíaco, la presión sanguínea y el ritmo respiratorio, menor necesidad de oxígeno y menor producción de dióxido de carbono, entre otras características. Benson descubrió que, aunque nuestra mente pueda hacer una distinción entre la oración y la meditación, nuestro cuerpo no.

¿El poder de la oración y el de la meditación son diferentes cuando se someten a experimentación? A lo largo de las últimas tres décadas se han realizado muchos estudios sobre la oración con personas de diferentes creencias religiosas[38]. Se han tenido en cuenta personas de diferentes fes, como por ejemplo cristianos, devotos de religiones orientales, meditadores de diversas creencias e incluso agnósticos. Durante los experimentos, se invita a las personas a que utilicen cualquier técnica psicológica para alcanzar el objetivo fijado, que normalmente consiste en aumentar

---

38. «A lo largo de las últimas tres décadas se han realizado muchos estudios sobre la oración con personas de diferentes creencias religiosas.» Para más información sobre los resultados de estos estudios, véase Deborah Rose, «The Spindrift Story», *Home Catacomb* 9, nº 8 (1995): 8.

la salud de organismos humanos y no humanos. Estos estudios no sólo demuestran que individuos muy diferentes pueden alcanzar este objetivo, sino también, como ya hemos visto, que no existe ninguna relación entre las creencias religiosas personales y el efecto de las técnicas mentales.

La gente y los prejuicios son los que hacen distinciones entre prácticas religiosas como la oración y la meditación. Nuestros cuerpos son más sabios y menos dogmáticos.

Magia cotidiana

A lo largo de la historia, la gente siempre ha visto la oración como un método para conseguir cosas. Si lo Divino se preocupa por nuestro bienestar y responde a nuestras plegarias, ¿nos colmará de bendiciones y regalos?

¿Un Mercedes Benz y una cartera repleta de dinero son una señal de la gracia de Dios? Los argumentos de las Escrituras son inflexibles cuando se refieren a la dificultad de que los ricos entren en el reino de los cielos y a la naturaleza del «lucro sucio» como la fuente de todo mal. Sin embargo, un estudio realizado por la Hermandad Luterana reveló que un 70 por ciento de los cabezas de familia entrevistados consideraban que su situación económica era un reflejo de la atención que Dios les dedicaba; el 49 por ciento declararon que rezaban con regularidad para ser más ricos[39].

El predicador televisivo[40] evangelista Robert Tilton considera que la generosidad del Todopoderoso no tiene límites. «¡Muy bien!», afirma exultante, sin el mínimo indicio de ironía. «¡Podéis decirle a Dios cómo esperáis que actúe!... En primer lugar, hacedle saber qué necesitáis de él: un coche nuevo, un empleo, buena salud, una casa, dinero.» Y finalmente, y uno se pregunta si en menor grado: «la salvación».

Los inesperados resultados de las plegarias egoístas son terreno fértil para los humoristas. A continuación veremos un chiste de ejemplo que muestra el desprecio del Todopoderoso por nuestros deseos egocéntricos:

> Dios saca a un hombre del horno cósmico[41], donde se ha estado incubando a la espera de su próxima reencarnación. El hombre se dirige a Dios diciéndole: «Mira, esta vez quiero trabajar cuatro días a la semana, un sueldo de cincuenta dólares la hora, una buena mutua médica, un plan de jubilación, dos meses de vacaciones al año,

39. «¿Un Mercedes Benz y una cartera repleta de dinero son una señal de la gracia de Dios?» De «Notes on the Catacomb Wall», *Home Catacomb* 9, nº 2 (1995): 11.
40. «¡Podéis decirle a Dios cómo esperáis que actúe!...» Robert Tilton, predicador evangelista televisivo, citado por Richard N. Ostling, «Heresy on the Airwaves», *Time*, 5 de marzo de 1990, 62.
41. «Dios saca a un hombre del horno cósmico...» *Stray Light Times*, 5 de marzo de 1990, 62.

buenas posibilidades de promoción y...»
Dios le devuelve al horno y dice: «Está poco
hecho».

El novelista Aldous Huxley se mostró extremadamente crítico con nuestra forma de acosar al Todopoderoso con nuestras oraciones egoístas. Huxley observó:

> Para aprender[42] cómo conseguir que sus
> peticiones sean respondidas, un hombre no
> tiene que conocer ni amar a Dios... Lo único
> que necesita es un intenso sentido de la im-
> portancia de su ego y sus propios deseos, en
> combinación con la firme convicción de que
> existe, en el universo, algo que puede forzar-
> se para que satisfazca nuestros deseos. Si yo
> repito: «Hágase tu voluntad» con suficiente
> fe y persistencia, es probable que tarde o
> temprano, de una forma u otra, consiga lo
> que quiero. Si mi voluntad coincide con la
> de Dios o si al conseguir lo que quiero tam-
> bién conseguiré lo que para mí es bueno
> desde el punto de vista espiritual, moral o
> incluso material, son preguntas que no pue-
> do responder en este momento. Sólo el tiem-
> po y la eternidad lo demostrarán... Millones
> de personas repiten a diario la tercera frase

42. «Para aprender cómo conseguir que sus peticiones sean respondidas...»
Aldous Huxley, *The Perennial Philosophy* (New York: Harper & Row, 1944),
220-21.

del Padrenuestro sin tener la más mínima intención de permitir que se cumpla ninguna voluntad que no sea la suya.

Huxley tenía razón: en ocasiones abusamos de la oración para conseguir lo que queremos. Por ejemplo, un hombre confesó que, cuando era un adolescente, rezaba para tener un coche. Como no lo consiguió, se dio cuenta de que Dios no funcionaba de esa manera, de modo que robó un coche y rezó para obtener perdón.

«El hombre justo ama a Dios a cambio de nada»[43], dijo Eckhart. Y cuando dejamos de lado las peticiones y permitimos que el amor y la gratitud sean la esencia de nuestras plegarias, los resultados pueden ser realmente impresionantes, como en la siguiente historia que cuenta Betsy MacGregor, médico del Hospital Beth Israel, de Nueva York:
Un chico[44] de diecisiete años que había sufrido un terrible accidente de moto ingresó en el hospital. Tenía varias fracturas... y su estado se complicó con una infección de hueso... con fístulas supurantes en la pierna. Los cirujanos extrayeron porciones de hueso y tejido muscular... para intentar detener la

---

43. «El hombre justo ama a Dios a cambio de nada.» Meister Eckhart, citado en Raymond B. Blakney, *Meister Eckhart* (New York: Harper & Row, 1941), 241.
44. «Un chico de diecisiete años que había sufrido un terrible accidente de moto...» Betsy MacGregor, «Health Reform and the Sacred», *Advances* 11, nº 1 (invierno 1995): 37-54.

infección, hasta que al final el chico tenía un agujero tan grande en el muslo que podían meterse dos puños en su interior.

...Las curas que el ortopedista le realizaba a diario le causaban un intenso dolor. Pensé que era una persona que se quejaba constantemente porque sólo le preocupaban su miedo y su dolor. Le ayudé a aliviar el dolor con medicamentos y algunas técnicas de relajación... y empezamos a hablar sobre cuáles eran sus sueños... antes del accidente.

...Le pregunté si rezaba a Dios y me contestó que sí, que estaba pidiéndole a Dios que le curara. Le dije que tal vez habría una manera mejor de rezar a Dios que no fuera suplicarle, que podría decirle a Dios que era realmente importante que se curara. Finalmente, al cabo de un par de meses, un día me dijo: «Sabes, estos últimos días he rezado a Dios de forma realmente diferente. Le he dicho: De verdad tengo que curarme, Dios. No te estoy suplicando que me cures. Necesito curarme porque necesito hacer muchas cosas, y es muy importante que Tú me ayudes a curarme.» Aquel chico había cambiado tanto de actitud que era realmente sorprendente. Sus palabras revelaban la existencia de una fuerza interior en lugar de ansiedad y desesperación. Abandonó el hospital con la infección curada y la herida en proceso de recuperación, y siendo una persona totalmente diferente al muchacho asustado que se compadecía de sí mismo que yo había conocido.

Es frecuente que ocurra algo paradójico cuando pedimos cosas materiales. Tal vez no obtenemos lo que habíamos pedido pero, a cambio, se nos concede una bendición mucho más importante, tal como se demuestra en la «Plegaria de un soldado confederado desconocido»:

Le pedí a Dios que me diera toda la fuerza que
*   pudiera conseguir[45];*
me hizo débil para que aprendiera a obedecer.
Le pedí salud para hacer grandes cosas;
me hizo inválido, para que pudiera hacer cosas
*   mejores.*
Le pedí riqueza para ser feliz;
me dio pobreza para que fuera sabio.
Le pedí poder para que los hombres me alabaran;
me hizo débil para que sintiera la necesidad de Dios.
Le pedí todas las cosas que pudieran hacerme
*   disfrutar de la vida;*
me dio la vida para que pudiera disfrutar de todas
*   las cosas.*
No conseguí nada de lo que había pedido,
pero sí todo lo que había deseado.
A pesar de todo, mis plegarias no expresadas
*   fueron respondidas:*

---

45. «Le pedí a Dios que me diera toda la fuerza que pudiera conseguir...» «Prayer of an Unknown Confederate Soldier», *The Oxford Book of Prayer* (New York: Oxford Univ. Press, 1985), 119.

yo soy, entre todos los hombres, el que ha recibido mayores bendiciones.

¿No hemos recibido respuesta a nuestras plegarias pidiendo cosas materiales? La experiencia puede ayudarnos a fijarnos más en lo que ya tenemos: una vida compuesta de pequeños momentos maravillosos y mágicos. ¿Cómo podría algo material añadir esplendor al aquí y ahora? Cuando nos demos cuenta de que cada instante ya es perfecto en algún sentido, nuestra mirada dejará de vagar en el horizonte, como ocurre a menudo cuando rezamos para un futuro mejor. Podemos aprender a vivir el presente con gratitud y saber, como Margaret Bonnano, que: «Sólo es posible vivir feliz para siempre disfrutando del día a día».[46]

La oración no sirve para conseguir cosas; rezar es ser consciente del presente y percibir la magia del mundo. Como dice la escritora Adair Lara: «Y algunos, como yo, estamos empezando a descubrir la poderosa religión de la vida cotidiana, una espiritualidad de flores recién cortadas, platos apilados y ropa tendida».[47]

La oración nos ayuda a apreciar la sorprendente simplicidad de la vida cotidiana. Tal como nos recuerda el conocido aforismo budista: «Después del éxtasis, la colada».

---

46. «Sólo es posible vivir feliz para siempre disfrutando del día a día.» Margaret Bonnano, «Sunbeams», *The Sun*, n° 222 (junio 1994): 40.
47. «Y algunos, como yo, estamos empezando a descubrir...» Adair Lara, citada en «Sunbeams», *The Sun*, n° 222 (junio de 1994): 40.

CUARTA PARTE

Cómo rezar

Las credenciales no tienen importancia en la oración

La oración es una actividad que todo el mundo puede practicar con éxito, tanto si es la primera vez que se reza como si es la millonésima vez. ¿Algunas personas son más hábiles que otras a la hora de rezar? Existen dos escuelas de pensamiento.

En un estudio realizado en la Universidad de Islandia, en Reykjavik, por el profesor de psicología Erlendur Haraldsson, se identificó un factor de habilidad en los sanadores que utilizan la oración con regularidad. El informe valoraba la capacidad de siete personas de influir en el crecimiento de células de cultivo en tubos de ensayo. De los siete participantes, tres estaban relacionados con la sanación (dos de ellos eran sanadores espirituales y uno era un médico que practicaba la sanación espiritual). Los otros cuatro participantes eran estudiantes sin experiencia ni ningún interés especial por la sanación. Se utilizaron un total de 240 tubos de ensayo, de los cuales 120 fueron los receptores de los mensajes de sanación y 120 actuaron como referentes. Los tubos de ensayo se colocaban delante de un individuo que intentaba repetidas veces, durante diez minutos en cada ocasión, aumentar el crecimiento de las células de cultivo utilizando para ello el método mental que prefiriera. Los participantes no podían tocar los tubos ni acercarse a ellos más de treinta centímetros. Después de veinticuatro horas, se midió el crecimiento del cultivo de cada tubo mediante un calorímetro de lectura por absorción de luz. El encargado de comprobar los resultados fue un ayudante de investigación que no sabía cuáles eran los tubos que habían sido objeto de las oraciones. Además, otro experimentador realizó medidas suplementarias. Los investigadores llegaron a la siguiente conclusión: «Los resultados indican que la intención o concentración mental (sanación espiritual) afectó el crecimiento de los cultivos». Los análisis revelaron que había una probabilidad de dos sobre cien de que los resultados positivos pudieran deberse al azar. Los participantes que consiguieron mejores resultados fueron los tres sanadores. Cuando se analizaron sus cultivos por separado[48], se descubrió que la probabilidad de que los resultados fueran debidos al azar era menos de cuatro entre diez mil, mientras que en el caso de los estudiantes no sanadores la probabilidad era mucho más elevada.

En una serie de experimentos realizados por

---

48. «Cuando se analizaron sus cultivos por separado...» E. Haraldsson y T. Thorsteinsson, «Pshycokinetic Effects on Yeast: An Exploratory Experiment», *Research in Parapsychology* (Metuchen, NJ: Scarecrow Press, 1973), 20-21.

Spindrift, una organización dedicada a la investigación de la oración, el factor de habilidad se valoró pidiendo a personas con diferentes experiencias en oración que intentaran influir en la germinación de semillas y la actividad metabólica de cultivos. En estos experimentos[49], como es el estudio de Islandia, los participantes que tenían más experiencia consiguieron mejores resultados. Estos estudios indican que la práctica, el interés y la experiencia son importantes en la sanación espiritual, que para la mayoría de sanadores se basa en la oración.

¿Por qué no habría de existir un factor de habilidad en la oración? La oración implica un estado de concentración mental que suele caracterizarse por sentimientos de silencio, paz y serenidad interiores. Cualquier persona que alguna vez haya intentado silenciar su mente sabe lo increíblemente difícil que puede llegar a ser. Santa Teresa comparaba el intento de alcanzar este estado mental con intentar montar a un caballo salvaje. Los budistas se refieren a nuestro estado psicológico habitual con la expresión «mente de mono». Pero con la práctica se consigue alcanzar la perfección; cuanto más practiquemos la oración y la meditación, más conseguiremos acallar nuestra mente.

Los experimentos sobre la oración indican que el amor es uno de los factores más importantes que in-

---

49 « En estos experimentos, como el es estudio de Islandia, los participantes que tenían más experiencia consiguieron mejores resultados.» Para más información sobre estos experimentos, véase Spindrift, *The Spindrift Papers: Exploring Prayer and Healing Through the Experimental Test* (Lansdale, PA: Spindrift, 1994). Véase también Larry Dossey, «The Spindrift Experiments», *Recovering the Soul* (New York: Bantam, 1989), 58-62.

fluyen en su eficacia. En la sanación, el amor es la base de la sensación de unión con el paciente que el sanador experimenta. La mayoría de la gente aprende a amar a lo largo de toda una vida. ¿No sería posible que el efecto de la oración variara a medida que aumenta nuestra capacidad de amar? ¿Y qué importancia tiene la consistencia de nuestro amor? Existe un viejo refrán que dice: «El amor es como el pan. Tiene que hacerse todos los días para que esté fresco». Tal vez aprender a rezar significa simplemente aprender a amar, de forma profunda y sincera.

La perspectiva opuesta es que las oraciones de todo el mundo son igual de eficaces y no existe ningún factor de habilidad en la oración. Reflejando este punto de vista, una mujer me escribió diciendo:

La afirmación de que la experiencia es importante en la plegaria es errónea. En el campo de la oración, todos los jugadores tienen las mismas oportunidades. Cuando rezamos, todos somos iguales. Lo único que cuenta es que la oración surja del corazón y sea fruto del amor y la sinceridad. Deberíamos evitar establecer una jerarquía en la oración, con los sacerdortes en lo alto y el resto de nosotros en la base. La oración no tiene nada que ver con todo esto. Si se da demasiada importancia a la experiencia en la plegaria, es posible que algunos iniciados o personas que recen por primera vez se desanimen y renuncien a practicar la oración. Deberíamos animar a las personas a que rezaran y no desalentarlas.

En mi opinión, yo no considero que estos dos puntos de vista sean excluyentes. En casi todas las prácticas humanas existe un factor de habilidad, desde cocinar hasta jugar al billar y hacer el amor. El hecho de afirmar que en estas prácticas existe un factor de habilidad no prohíbe a nadie que participe en ellas. Cualquiera puede rezar, por muy poca experiencia que tenga. Lo importante es empezar.

Todo el mundo coincide en que la auténtica oración debe provenir del corazón y ser sincera. Teniendo en cuenta esto, es posible que las plegarias de una persona poco experimentada sean más efectivas que las de una veterana, porque su experiencia es algo nuevo y atractivo y no se ha convertido en una rutina.

La Biblia nos dice: «La oración de un hombre justo tiene mucho valor», no nos dice: «La oración perfectamente llevada a cabo de un hombre justo que tiene mucha experiencia en este campo tiene mucho valor». La oración es, pues, tanto para los principiantes como para los veteranos.

Es posible que la plegaria que una sola persona sincera tenga sea mucho más efectiva que más de un millón de plegarias irreflexivas e indiferentes, o que la oración surgida del corazón de quien reza por primera vez tenga más valor que la de una persona muy experimentada que tenía un mal día. Si yo estuviera enfermo, preferiría ser objeto de las oraciones de los seres a quienes amo y que me aman. Desearía tener a mi lado a personas que me demostraran su amor y comprensión. No me importaría si rezaban desde hacía quince años o si empezaron ayer. En la oración, el amor, la compasión y la preocupación —no las credenciales— son lo más importante.

Los niños son oración

Walt Whitman escribió en *Hojas de hierba* en 1855:

> Todos los días partía un niño,
> Y el primer objeto que miraba y percibía
> con asombro, lástima, amor o temor, en ese
> objeto se convertía.
> Y ese objeto se convertía en parte de él
> durante unas horas o el día entero... o du-
> rante varios interminables ciclos de años.[50]

Whitman vio que los pequeños no rezan: ellos son oración.

Si la oración es «comunicación con lo Absoluto», como hemos propuesto, los canales de comunicación de los niños parecen estar siempre abiertos y preparados. Nosotros necesitamos hacer un esfuerzo, mientras que para los niños no parece existir ninguna barrera que superar. Los pequeños tienen una relación sin obstáculos con el Infinito.

El niño es la metáfora de la pureza espiritual del mundo y «ser como niños pequeños» es uno de los elementos más universales de todas las doctrinas espirituales. Sin embargo, el objetivo de nuestras oraciones no es convertirnos literalmente en niños, por supuesto, sino ser como niños, incorporando la inocencia y la autenticidad de los pequeños en nuestras oraciones de adultos.

---

50. «Todos los días partía un niño...» Walt Whitman, «There Was a Child Went Forth», *A Choice of Whitman's Verse* (London: Faber and Faber, 1968), 21.

Esta distinción puede parecer obvia, pero en muchas ocasiones se ha interpretado mal. Muchos pensadores del siglo XX, incluyendo a Freud, afirmaban que los impulsos religiosos representaban la necesidad de regresar psicológicamente a un estado infantil. Para él, todas las experiencias místicas de unión y unidad eran simplemente un salto atrás hacia la forma de percepción no diferenciada de los niños, donde no se puede distinguir entre «yo» y «los demás». El anhelo espiritual sólo era un deseo de recuperar la cuna y el pecho materno. Este punto de vista, aunque todavía goza de gran popularidad entre los escépticos, confunde regresión y progresión. Todas las experiencias espirituales válidas, incluyendo el éxtasis alcanzado gracias a niveles de oración superiores, es un avance hacia la madurez, no un retroceso hacia la infancia. Como saben todas aquellas personas que han iniciado el camino de una disciplina espiritual, la vida espiritual no es para los débiles. Requiere un gran esfuerzo. No tiene sentido afirmar que los niños o los adultos infantiles pueden recorrer este camino.

Nadie es un niño para siempre, ni debería serlo. Deben superarse los pañales y la dependencia. Esto es cierto tanto desde el punto de vista físico como espiritual. Los retos y sufrimientos que forman parte del proceso de crecimiento enriquecen la vida que el niño no conoce. Estas experiencias proporcionan una resistencia y una capacidad de adaptación necesarias para afrontar la vida.

En la actualidad, en un momento en que nuestro mundo parece tan caótico e intratable, muchas personas buscan y anhelan la simplicidad y la inocencia de los niños. Una expresión de este fenómeno es la fascinación que mucha gente siente por los ángeles, que con frecuencia adquieren la forma de querubines y niños alados, andróginos y celestiales. Pero no debemos olvidar que los ángeles, además de inocentes y puros, también pueden ser seres severos y estrictos que no hacen concesiones a nadie. No sólo son mimosos bebés nacidos del aire; los ángeles empuñan espadas de fuego y las flechas de Cupido hacen daño. Como dijo el poeta Rilke: «Cada ángel es terrible».

Nuestro deseo de recuperar la inocencia infantil perdida también se refleja en la popular escuela de psicoterapia basada en la existencia de un «niño interior». Este niño interior representa las primeras etapas de nuestra vida, cuando el alimento y el amor son necesarios para que después disfrutemos de una vida psicológica sana. Los traumas de esta etapa pueden causar problemas emocionales en estadios más avanzados de la vida. Reviviendo estas experiencias dolorosas mediante técnicas de relajación o hipnosis, muchas personas son capaces de neutralizar los efectos patológicos de estos traumas y disfrutar de una mayor paz interior en la edad adulta. Pero muchos terapeutas que emplean estas técnicas se han dado cuenta de que algunas personas no sólo establecen contacto con su niño interior, sino que, una vez se ha conseguido el contacto, se aferran a él durante el resto de su vida. Estas personas quieren disfrutar eternamente de la infancia, período en que los demás satisfacen nuestras necesidades de seguridad física y de apoyo emocional. Los terapeutas cualificados saben cómo impedir que sus clientes se queden estancados en esta etapa; son capaces de ayudarles a ser como niños y no a seguir siendo niños.

Los niños son símbolos de inocencia. Representan la encarnación de la oración porque todavía no se ha interrumpido su comunicación con lo Absoluto. Nos recuerdan lo que una vez fuimos y lo que deberíamos comprender de nuevo.

Formas de oración de cuatro patas

Los efectos de la oración no son exclusivos de los humanos. Se ha demostrado que la oración tiene efectos sobre prácticamente cualquier ser vivo: humanos, células y tejidos, animales, plantas y organismos como bacterias y hongos. Existen abundantes pruebas que corroboran estos efectos[51], entre las cuales destacan más de 130 estudios realizados en laboratorios de investigación, como ya hemos mencionado.

A algunas personas les resulta difícil aceptar estos experimentos porque son incapaces de imaginar cómo alguien puede rezar por una bacteria y otras formas de vida similares. ¿Cómo es posible que una persona sienta suficiente amor y empatía por estas criaturas no humanas como para rezar genuinamente por ellas? Para millones de amantes de los animales, esto no es ningún misterio; para ellos, los animales no son «inferiores». Algunas religiones, como el hinduismo, respetan por igual las criaturas humanas y las no

---

51. «Existen abundantes pruebas que corroboran estos efectos...» Para más información sobre estos estudios, véase Daniel J. Benor, *Healing Research*, vols. 1-2 (Munich: Helix Verlag, 1993); y Larry Dossey, *Healing Words: The Power of Prayer and the Practice of Medicine* (San Francisco: HarperSan-Francisco, 1993).

humanas. Este respeto por la vida en todas sus manifestaciones no es exclusivamente «oriental». Recuerdo un antiguo dicho de la mística judía: «Detrás de cada brizna de hierba hay un ángel que susurra: "¡Crece! ¡Crece!"»

Los investigadores han empezado a estudiar los beneficios para la salud que pueden derivarse de tener animales de compañía[52]. Estos informes revelan datos importantes para nuestra comprensión de la oración. Aaron H. Katcher, miembro de la Facultad de Veterinaria de la Universidad de Pennsylvania, y sus colegas descubrieron que un 98 por ciento de las personas que tenían perros hablaban con ellos, un 75 por ciento pensaban que sus canes notaban su estado de ánimo y sus sentimientos, y un 28 por ciento incluso hacían confidencias a sus mascotas. Katcher cree que estas relaciones benefician a las personas de forma no muy diferente a los beneficios obtenidos de la oración. «Sin ánimo de ser irreverente», afirma, «es posible hallar similitudes en el consuelo de la oración y el consuelo de hablar con un animal. La plegaria suele acompañarse y enriquecerse utilizando complementos como incienso, música, posturas corporales concretas, el contacto de las palmas de las manos unidas o las cuentas de un rosario, igual que el diálogo con un animal se acompaña y se enriquece con el tacto, el calor corporal y el olor. En ambos casos, la per-

---

52. «Los investigadores han empezado a estudiar los beneficios para la salud que pueden derivarse de tener animales de compañía.» El estudio del doctor Aaron H. Katcher, la profesora Ann Ottney Cain, el doctor Herbert Benson, Peter R. Messent y Sharon L. Smith se comenta en Joan Arehart-Treichel, «Pets; The Health Benefits», *Science News* 121 (1982): 220-23.

sona que habla siente que sus palabras son escuchadas y comprendidas».

La devoción por un animal, como la devoción por la oración, puede aportar beneficios a la naturaleza humana, como se ha comprobado en la dinámica de muchas familias. Ann Ottney Cain, profesora de psiquiatría infantil de la Universidad de Maryland, en Baltimore, estudió el impacto sociológico de los animales en sesenta familias que tenían animales de compañía como perros, gatos y otros más exóticos como mofetas, cabras y monos. Descubrió que muchas de las familias, después de adquirir los animales, se sentían más unidas, pasaban más tiempo jugando y menos tiempo discutiendo. «Incluso había una mujer que utilizaba al perro de la familia para calmar las discusiones familiares», explica Caín. «Su comentario favorito era: "Dejad de discutir, estáis consiguiendo que el perro se ponga triste"».

El doctor Herbert Benson, de la Universidad de Harvard, demostró en los años setenta y ochenta que la oración puede reducir el estrés y disminuir la presión arterial y el ritmo cardíaco al provocar lo que él llama la Respuesta de Relajación. Los perros pueden ser una forma de oración de cuatro patas porque producen el mismo efecto. El doctor Katcher descubrió que el hecho de estar en su presencia reduce la tensión arterial. Pero los perros no tienen el monopolio: contemplar una pecera llena de peces tropicales también reduce la tensión arterial.

La oración elimina las barreras entre personas, y los animales también. Peter R. Messent, del Centro de Estudio de los Animales, del condado de Leicestershire (Inglaterra), pidió a ocho dueños de perros que pasearan por Hyde Park, una vez solos y después con sus mascotas. Un observador les siguió y anotó las reacciones de quienes pasaban cerca de la persona o del animal. Se observó que, si la persona estaba con su perro, se producía un mayor número de respuestas por parte de los demás, se iniciaban más conversaciones y eran más largas. El hecho de que los perros fueran de pura raza o no no era significativo.

Estar con animales, como rezar, despierta la compasión de las personas. Sharon L. Smith estudió la relación entre diez perros y los miembros de la familia que les acogía. Descubrió que los canes proporcionaban a sus dueños, hombres y mujeres indistintamente, una oportunidad socialmente aceptable de tocar —acariciar, rascar o dar golpecitos—, es decir, de hacer algo que a muchos hombres les resulta difícil.

Y los animales, como la oración, salvan vidas[53]. En un estudio realizado con noventa y seis personas enfermas del corazón que acababan de pasar por un tratamiento hospitalario, la psiquiatra Erika Friedmann, de la Universidad de Pennsylvania (Philadelphia) y sus colaboradores descubrieron que, un año después de abandonar el hospital, el porcentaje de supervivencia era mayor en el caso de las personas que tenían animales de compañía, incluso teniendo en cuenta las diferencias particulares en relación con la gravedad de su afección y otros problemas médicos. De hecho, el equipo de la doctora Friedmann descubrió que tener

---

53. «Y los animales, como la oración, salvan vidas.» Los estudios de la doctora Erika Friedmann se comentan en Bruce Bower, «Stress Goes to the Dogs», *Science News* 140 (1991): 285.

un animal en casa era una mayor garantía de supervivencia que tener cónyuge o contar con un gran apoyo de la familia.

En resumen, existen sorprendentes similitudes entre la oración y un animal de compañía, como por ejemplo:

- Tener a alguien con quien hablar.
- Desarrollar una actitud compasiva.
- Provocar la sensación de ser bienvenido o saludado.
- Fomentar la sensación de ser amado de forma incondicional, «pase lo que pase».
- Reducir la tensión psicológica.
- Mejorar la salud y salvar vidas.
- Eliminar barreras entre las personas.

En el Hospital Metodista Riverside, de Columbus (Ohio), uno de los miembros más apreciados del personal del hospital es Barlow, un hermoso perro labrador. Barlow hace las rondas con médicos y enfermeras y tiene muy buena relación con todos los pacientes. En el Centro Médico Maine, de Portland, otra bella perra labrador, Pandora, pasea regularmente por la unidad de curas intensivas con un acompañante. Pandora es bastante fotogénica y las enfermeras del hospital cuentan que le encanta que le hagan fotos. El equipo médico y de enfermería del hospital pone en práctica un «Programa terapéutico con animales de compañía», programa que goza del apoyo entusiasta de pacientes y colaboradores.

¿Los animales pueden rezar? Teniendo en cuenta que la oración implica experimentar amor y sentirse unido a alguien, tal vez la respuesta más adecuada sea sí. En tal caso, ¿es posible que las «oraciones de los animales» tengan efectos curativos? La mayoría de expertos atribuyen las influencias positivas de los animales a factores psicológicos, como por ejemplo la reducción de la tensión por tener cerca a un animal de compañía; suponer la existencia de «oraciones de animales» es ir demasiado lejos. Sin embargo, muchos dueños de animales no considerarían nada extraño que su cariñoso perro, que les ama incondicionalmente, fuera capaz de influirles de forma similar a como influye la oración.

¿Por qué debemos tomar una actitud antropocéntrica con respecto a la oración? ¿Por qué habría lo Absoluto de limitar la oración al *Homo sapiens*? Si se demostrara su existencia, la oración de animales significaría un paso adelante en la democratización y universalización de la oración.

La próxima vez que esté enfermo, pienso incluirme en la lista de oraciones de tantos San Bernardos como pueda.

Un médico prueba la oración

En 1994, la perra de catorce años de la doctora Hilary Petit, veterinaria de Sacramento (California), tuvo graves problemas de salud. No podía tenerse en pie y debía apoyarse contra una pared o una valla para andar. La doctora Petit tuvo miedo de que el diagnóstico fuera cáncer. Cuatro años antes, habían operado a su perra y le habían tenido que extraer un ojo porque se había formado un tumor maligno detrás de éste. El tumor no fue completamente extirpado y, después de la operación, tuvo que someterse a radioterapia. La doctora temía que el cáncer se hubiera desarrollado de nuevo y causara los problemas que ahora tenía la perra. La doctora Petit administró antibióticos al animal por si existía alguna infección de oído que pudiera causar los problemas de equilibrio y la dificultad de caminar. También le administró dramamina, complementos esteroides y tiroides para atacar otras posibles causas de las molestias que se habían presentado. Pero todos los tratamientos fracasaron; de hecho, los esteroides parecían empeorar los problemas.

La doctora Petit, que a aquellas alturas ya estaba desesperada, cuenta lo que ocurrió a continuación: «Una noche, cuando ya no sabía qué tratamiento administrarle, recuerdo que pedí ayuda, cualquier tipo de ayuda, que sirviera tanto para su recuperación como para decidir que había llegado el momento de practicar una eutanasia». Entonces tuvo una de las mayores sorpresas de toda su carrera como veterinaria[54].

Al día siguiente de haber pedido ayuda... la perra caminó varios pasos sin apoyarse en la valla. Un día después hizo unos veinte pasos antes de apoyarse en la valla y caminó desde el coche hasta mi piso (unos cien metros) sin que yo tuviera que hacer más que corregir un poco la dirección de sus pasos... Hacía seis semanas que no andaba sin ayuda... Paseó por el piso durante todo el

54. Relato personal de la doctora en veterinaria Hilary Petit, Sacramento, California, abril de 1995. Reproducido con permiso.

día sólo apoyándose en la pared de vez en cuando. Cada cinco o seis pasos se apoyaba levemente en la pared y después seguía andando.

Paradójicamente, la doctora Petit no estaba eufórica por la mejora de su querida perra.

La parte triste de esta historia es que debo admitir que me asusté bastante. No podía atribuir su recuperación a los medicamentos que yo le había administrado, por un lado porque había sido tan rápida y extraordinaria, y por otra porque había suspendido todos los tratamientos excepto la oración. Siento mucho tener que decir que la tercera noche (después del segundo día desde su recuperación) decidí no seguir rezando, abrumada por la sorpresa y la confusión de lo que parecían ser las consecuencias de mis plegarias. Al día siguiente mi perra recayó y su estado siguió empeorando rápidamente, y al cabo de dos semanas le practiqué la eutanasia.

La doctora Petit estaba dispuesta a afrontar y analizar sus temores con respecto a lo sucedido.

Los puntos que todavía están vivos dentro de mi mente son los siguientes: (1) Hubiera hecho cualquier cosa (cuando empecé a rezar por ella) para ayudarla; por este motivo supongo que olvidé momentáneamente mi concepción habitual de lo que es y no es posible, es aceptable o está «permitido» en relación a la respuesta a la oración; (2) tenía un claro sentimiento de incredulidad y rechazo hacia su recuperación («no puede ser real»), incluso a pesar de estar increíblemente contenta por su mejora; (3) en mi lucha por reconciliar el hemisferio izquierdo de mi cerebro, tradicional y científico, con la recuperación total, inexplicable y nada científica que presencié, tuve miedo y pensé: «¿Qué he hecho?», y en cierto modo me negaba a aceptar que yo lo había provocado con mis actos; y (4) aunque intenté (instintivamente) reanudar mis oraciones cuando ella empezó a empeorar de nuevo, nunca estuve realmente convencida porque tenía miedo de descubrir que yo, simplemente recurriendo a la oración, podía influir de algún modo en aquellos resultados tan sorprendentes e inexplicables.

Lo ocurrido afectó profundamente a la doctora Petit.

Como consecuencia de este completo trastorno de mi pensamiento médico y dogmático, me acostumbré a rezar por pequeñas cosas. Por ejemplo, [operando] en extirpaciones de ovarios, cuando uno se resistía a mis esfuerzos por extraerlo, empecé a recitar una especie de oración del tipo: «Dios, échame una mano», y efectivamente, después del primer o segundo intento, siempre conseguía extirparlo... También hay otros ejemplos. Esta experiencia me ha hecho pensar mucho, como por ejemplo en la mejor forma de aplicar esta información en beneficio de mis pacientes...

A pesar de que nunca he sido una persona muy creyente ni recibí una educación religiosa, siempre me han fascinado los temas espirituales y «paranormales»... Sin embargo, y a pesar de mi mentalidad científica, ahora soy mucho más capaz de aceptar la posibilidad de que «alguien más» pueda hacer lo mismo que yo. Me parece bien que sea yo quien haga milagros increíbles e inexplicables; soy capaz de aceptarlo con absoluta serenidad. Sin embargo, por algún motivo, me siento muy incómoda al pensar que yo puedo actuar como intermediario. Soy consciente de que no es nada racional, y desde la muerte de mi perra he recapacitado seriamente sobre ello, porque estoy bastante segura de que si las oraciones de otra persona hubieran influido en su recuperación, o si hubiera mejorado por razones desconocidas... yo lo habría aceptado sin reservas.

Tengo una fe inmensa en la capacidad de los médicos de afrontar y superar los temores relativos a la oración. Los médicos han aprendido a utilizar el pensamiento científico, que consiste en aceptar las pruebas y dejar a un lado los prejuicios. La experiencia de la doctora Petit es un ejemplo de cómo puede responder a la oración un médico escéptico. Después de recuperarse del choque de afrontar lo inexplicable, empezó, como buena científica, a realizar sus propios experimentos, «rezando por pequeñas cosas». Su comportamiento es ejemplar porque no se limitó a aceptar sin sentido crítico ni rechazar por completo, sino que se mostró receptiva a lo desconocido.

Cuando nos enfrentamos al funcionamiento de la oración, nos enfrentamos a lo desconocido, y es natural que experimentemos cierto rechazo por algo tan superior a nosotros. Sin embargo, debemos superar el miedo que sentimos en estos momentos y no esquivarlo. Si lo hacemos, el miedo puede convertirse en nuestro aliado y darnos fuerza: lo infinito al servicio de lo finito.

Superar la ambivalencia y la confusión con respecto a la oración

C. S. Lewis dijo en una ocasión: «Más de un cristiano reza en voz baja por miedo a que Dios realmente le oiga, cosa que él, pobre hombre, nunca pretendió.»[55] El miedo a los resultados es un tipo de actitud negativa hacia la oración. Existen muchos otros.

Millones de personas piensan que la oración es una tarea monótona, pero siguen rezando porque tienen miedo de ser castigados si no lo hacen. Otras se sienten culpables o egoístas cuando rezan por ellos

---

55. «Más de un cristiano reza en voz baja...» C. S. Lewis, *Letters to Malcolm: Chiefly on Prayer* (New York: Harcourt Brace Jovanovich, 1964), 114.

mismos. Parece que están de acuerdo con la afirmación de Emerson de que la mayoría de oraciones son un ejercicio de tacañería y robo. Algunas personas creen que la oración es absolutamente arrogante: ¿Quién soy yo para decir al Universo lo que debe hacer? Muchas de nuestras actitudes ambivalentes con respecto a la plegaria tienen su origen en la infancia. Nos enseñaron que la oración normalmente consiste en hablar, interiormente o en voz alta, a un anciano y severo dios masculino que nos escucha atentamente para asegurarse de que lo hacemos bien y rezamos cumpliendo el horario previsto. ¡No es extraño que tengamos sentimientos ambivalentes y contradictorios con respecto a la oración!

Con frecuencia las actitudes negativas con respecto a la oración son inconscientes, porque nos decimos a nosotros mismos que la oración es algo positivo y que nos debería gustar rezar. Incapaces de afrontar estos sentimientos negativos, los reprimimos y los confinamos a la parte inconsciente de nuestra mente, desde donde siguen frustrándonos cuando rezamos.

Obviamente, asegurar que nos gusta lo que no nos gusta no sólo es habitual en el caso de la oración. Millones de personas hacen ejercicio enérgicamente y siguen una dieta equilibrada a pesar de que odian hacerlo. Orson Welles dijo en una ocasión que tiene más mérito un hombre que come caviar en un antojo que alguien que come pasas por cuestión de principios. La persona que come caviar está haciendo caso de su corazón; la que come pasas, de su rígido sentido del deber. Lo mismo ocurre con la oración. La persona que sólo reza de vez en cuando, pero cuando reza lo hace porque lo desea de corazón, expresa una mayor autenticidad que alguien que reza todos los días por obligación.

Cuando tomamos consciencia de nuestra actitud ambivalente con respecto a la oración, a menudo nos hacemos reproches: «Si fuera más maduro espiritualmente, no me sentiría así». Como resultado, muchas veces intentamos que «nos guste» rezar. Esta solución no funciona, porque sólo conseguimos reforzar la actitud negativa que intentamos superar.

Los siguientes consejos pueden ayudarnos a resolver nuestra actitud negativa con respecto a la oración:

• *Dejar de tomarnos la oración tan en serio.*

Cuando me doy cuenta de que me tomo la oración y la meditación demasiado en serio (pienso que debería ser más disciplinado y «rezar mejor»), recuerdo que todavía estoy aprendiendo. También recuerdo con frecuencia dos citas que siempre me animan y me ayudan a ver las cosas desde una perspectiva diferente; una es la observación de G. K. Chesterton: «Todo lo que merece la pena hacerse, merece la pena hacerse mal», y el otro es el viejo chiste: «¿Cómo consigues hacer reír a Dios? Contándole tus planes». Los comentarios de este tipo pueden ayudarnos a recordar algo que muchas veces olvidamos: el Universo no depende de si nosotros rezamos bien o no.

• *Comprender que las actitudes negativas con respecto a la oración son universales.*

A lo largo de la historia, santos y místicos de todas las grandes religiones han protestado contra la oración. Como a nosotros, también les resultaba difícil seguir siempre a la perfección el camino de la plegaria, y se lamentaban de su debilidad. Confesando sus fracasos en la oración, John Donne dijo: «Me encierro en mi habitación... e invito a venir a Dios y a sus Ángeles, y cuando están allí, desatiendo sus consejos por el zumbido de una mosca, por el ruido de un coche, por el crujido de una puerta».[56]

Si a veces pensamos que fracasamos en la oración, no somos los únicos.

• *Recordar que existen muchos tipos de oración e infinitas formas de rezar.*

Si nos resulta difícil seguir un método, deberíamos probar otros. Si las plegarias de «petición» nos parecen poco adecuadas, podemos centrarnos en otros tipos de oración, como por ejemplo las plegarias de adoración, alabanzas o acción de gracias. Para la mayoría de la gente, estas oraciones resultan más sencillas. Pueden ayudarnos a resucitar nuestra relación con la oración cuando ya está a punto de convertirse en una tarea monótona y sin sentido.

• *Recordar que la oración no sólo es una cuestión de hacer, sino también una forma de ser.*

Como dijo Dorothy Day: «¿Acaso Dios espera que cada uno de nosotros rece de una forma determinada? Lo dudo. Creo que algunas personas —muchas personas— rezan mediante el testimonio de sus vidas, a través del trabajo que realizan, los amigos que tie-

---

56. «Me encierro en mi habitación...» John Donne, citado en «Sunbeams», *The Sun*, n° 228 (diciembre 1994): 40.

nen, el amor que ofrecen y reciben. ¿Desde cuándo las palabras son la única forma de oración aceptable?»[57]

La oración puede adoptar la forma de una actitud, un estado mental en el que nos sentimos unidos con lo Absoluto. Este estado prescinde de las inclinaciones de cabeza y las genuflexiones. No debe practicarse exclusivamente en la iglesia, sino también mientras cortamos el césped, lavamos los platos o conducimos. La práctica de esta forma de oración puede ayudarnos a superar nuestras actitudes negativas con respecto a la plegaria formal y ritualizada. Cuando practicamos esta forma de oración, los sentimientos surgen con naturalidad de lo más profundo de nuestro ser, como un manantial de agua fresca que sale a la superficie en la ladera de una montaña. Esta forma de orar puede reconciliarnos totalmente con la oración en general, pero una oración transformada, una oración tan espontánea y natural como el amanecer de un nuevo día.

¿A quién puede beneficiar la oración?

A través de los experimentos realizados para estudiar los efectos de la oración en los seres humanos, los investigadores han descubierto que la oración intercesora es efectiva incluso cuando el receptor no sabe que alguien está rezando por él. Además de los estu-

---

57. «¿Acaso Dios espera que cada uno de nosotros rece de una forma determinada?» Dorothy Day, citada en «Sunbeams», *The Sun*, n° 233 (marzo 1995): 40.

dios realizados sobre las personas, otros experimentos revelan que a través de la oración también puede mejorarse la salud de muchos organismos inferiores (bacterias, hongos, semillas, ratas, ratones y varios tipos de células). En principio estas criaturas no saben que alguien reza por ellas, no son religiosas ni «creen» en la oración.

Muchas veces se dice que, si alguien reza por nosotros, debemos «dejar que la oración haga su trabajo». Sin embargo, los estudios realizados indican que la oración intercesora es efectiva incluso cuando el receptor ignora su existencia. Esto significa que no podemos controlar de forma consciente los efectos de las plegarias que se ofrecen en favor nuestro.

Por otra parte, la fe puede reforzar el efecto de la oración. Esto ocurre en muchos aspectos de la vida, incluyendo la medicina moderna, donde los médicos continuamente hacen un uso positivo de la fe. Cuando un médico receta un medicamento a un paciente y le asegura que está convencido de que será efectivo, automáticamente se pone en marcha un mecanismo de sugestión y fe que provoca efectos físicos reales: la respuesta placebo.

Esta reacción positiva potencia los efectos de la medicación. Lo mismo ocurre en el caso de la oración: la fe refuerza su efecto.

Hasta ahora hemos hablado del receptor. ¿Qué hay de la persona que reza? Si yo estoy rezando por ti, ¿debo estar convencido de que mi súplica funcionará? Muchos estudios sobre la oración y estados de consciencia comparables a la plegaria indican que los pensamientos positivos son de vital importancia. En el campo de la parapsicología, cuando alguien consigue provocar efectos a distancia utilizando la mente, se considera que es más probable que las personas que creen que es posible utilizar ese poder obtengan mejores resultados que las que no lo creen posible.

En mi opinión, creo que la «oración incrédula» es una contradicción en sí. No comprendo cómo una persona puede rezar sinceramente si cree que sus esfuerzos serán inútiles.

Algunas personas piensan que «creer» y «tener fe» en la oración es lo mismo, pero no es así. En la Biblia se dice que la fe es «la garantía de las cosas que se esperan, la prueba de aquellas que no se ven» (HEBREOS 11,1). A diferencia de tener fe, el hecho de creer se basa generalmente en cosas que se ven y que pueden demostrarse. En mi caso, las pruebas científicas de la eficacia de la oración me han hecho creer firmemente que la oración funciona. Mis creencias se basan en pruebas empíricas, no en una fe ciega. Pero el hecho de creer en la oración no hace que mi fe en ella disminuya en absoluto. Existen muchos misterios relativos a la oración que la ciencia no ha explicado y quizá nunca pueda hacerlo, y sin embargo yo sigo teniendo fe.

Si tu fe y tus creencias en la oración vacilan, no te castigues por tus dudas. Sobre todo, no intentes obligarte a creer en la oración. Deja que tus creencias sigan su propio camino, no las fuerces, deja que se desarrollen de forma natural. Cuando te llegue el momento de creer con mayor intensidad en la plegaria, lo harás.

Si intentas fabricar una creencia, nunca podrá ser auténtica. Los psicólogos hablan de un «callejón sin salida», una situación en la que nunca puedes ganar y siempre te equivocarás hagas lo que hagas. Un clásico ejemplo de callejón sin salida es cuando un padre o una madre le dice a su hijo o hija: «Cariño, tienes que quererme, porque todos los niños buenos quieren a sus padres.» El padre está exigiendo al niño que haga algo que sólo es auténtico cuando no se exige, cuando se produce de forma natural. Si el pequeño cumple la orden, el amor no será auténtico y habrá fracasado. Por otra parte, si ignora la orden y no es capaz de querer a sus padres, también habrá fracasado. En cualquier caso será un niño malo. Una situación parecida se produce cuando pensamos que tenemos que creer en la oración, porque de lo contrario fracasaremos espiritualmente.

No deberíamos dar excesiva importancia al hecho de creer o no en la oración. Como receptores, no es necesario que creamos en la oración para que funcione. Deberíamos seguir el consejo de los adolescentes de «no tomarnos tan en serio» el tema y recordar la observación del escritor británico G. K. Chesterton: «Los ángeles vuelan porque se toman a sí mismos a la ligera».

Cuando necesitemos rezar, lo haremos

Muchas personas me preguntan: «¿Debería rezar?» En mi opinión, preguntar esto es como preguntar si deberías beber y comer. Respirar. Dormir. Hacer el amor. Cuando realmente necesitas hacerlo, la pregunta se responde sola.

Cuando los niños aprenden a caminar, primero no preguntan si deben hacerlo. Simplemente caminan porque es algo natural. Los niños normales no pueden evitar andar. Caminan, sin más.

Rezar es tan natural como andar. Preocuparse demasiado por si deberíamos practicar la oración o no es un error. Hacerse preguntas del tipo «¿debería rezar?» es lo que los budistas llaman «poner patas a una serpiente». Como dice otro refrán budista: «Cuando camines, camina. Cuando estés sentado, permanece sentado. ¡No vaciles!» En otras palabras, hagas lo que hagas, hazlo con entusiasmo y decisión. Esta lección también puede aplicarse a prácticas espirituales como rezar.

El psicólogo y teólogo Sam Keen advierte del peligro de «la tartamudez espiritual»: poner un número infinito de obstáculos entre nosotros y nuestro objetivo espiritual. Una forma de no tartamudear espiritualmente es rezar cuando sentimos la necesidad de hacerlo, cuando nos parece absolutamente correcto y adecuado, no importa con qué frecuencia ocurra. De este modo podemos evitar imponernos obligaciones, que sólo sirven como obstáculos.

Hace unos años, cené con Paulos Mar Gregorios, que entonces era el presidente del Concilio Mundial de Iglesias. En nuestra mesa también había una mujer joven que intentaba iniciar una discusión con el doctor Gregorios. Con la clara intención de provocar un enfrentamiento, la mujer declaró: «¡Yo no creo en Dios!» El doctor Gregorios, con una sonrisa amable y compasiva, respondió dulcemente: «No se preocupe. Si lo necesitara, lo haría». Lo mismo ocurre con la oración. Cuando necesitemos rezar, lo haremos.

Cuando rezar se convierte en una actividad natural como andar, deja de ser una tarea obligatoria.

Cuando sucede esto, sentimos que ya no estamos rezando, sino que formamos parte de la oración. Se dice que San Francisco era así: no rezaba, sino que se dejaba envolver e invadir por la oración. Como dijo Richard Foster: «Más que un hombre rezando, San Francisco parecía la misma oración convertida en hombre».[58]

Rezar de forma artificial es como intentar forzar la respiración. Cualquier persona que intente controlar su respiración se da cuenta rápidamente de que es mejor dejar que funcione de forma natural. Para que algunas cosas funcionen correctamente, es preciso que no intervengamos.

¿Pero cuán apartados debemos mantenernos? Algunos maestros espirituales afirman que en la oración nos mantenemos totalmente apartados. Como dice el monje benedictino David Steindl-Rast: «Mientras sepas que estás rezando, no estás rezando correctamente».

¿Deberías rezar? Si necesitas hacerte esta pregunta, probablemente ya has empezado a hacerlo.

No existe una forma de rezar mejor que las demás

Utilizar un método [para rezar] determinado rechazando otros no es moralmente superior; lo moralmente correcto es ser sincero... Lo que es adecuado para una persona no siempre conviene a los demás. La gente...

---

58. «Más que un hombre rezando, san Francisco parecía la misma oración convertida en hombre.» Richard J. Foster, *Prayer: Finding the Heart's True Home* (San Francisco: HarperSanFrancisco, 1992), 117.

debería tener cuidado de no presumir... redu-
cirá el efecto sanador.[59]

Deborah Rose

Cuando una persona del público preguntó a una famosa teóloga cómo rezar, ella respondió: «Es muy fácil: pregunte a Dios». Éste es uno de los consejos más importantes sobre cómo rezar: debemos descubrir el método que es mejor para nosotros. En la oración no existe ninguna fórmula; no existe un método mejor que los demás; no todos los casos pueden medirse por el mismo rasero.

«La gente me pregunta: ¿Qué tipo de oración debo decir?»[60], cuenta Deborah Rose, ex vicepresidenta de Spindrift, Inc., una institución que se dedica a investigar la oración desde hace más de dos décadas.

> ¿Católica, protestante, judía, sin palabras? ¿Debo pedir algo o simplemente intentar ser receptivo?... Esto es como preguntar: ¿qué tipo de instrumento debo tocar? ¿El violín? ¿El arpa? ¿El piano? Depende de cada persona, su situación, educación, entorno y preferencias. ¿Qué es más adecuado para ti? Es importante desarrollar un estilo de oración... con el que te sientas cómodo.

---

59. «Utilizar un método [para rezar(determinado rechazando otros no es moralmente superior...» Deborah Rose, «The Spindrift Story», *Home Catacomb* 9, nº 8 (noviembre 1995):7.
60. «La gente me pregunta: ¿Qué tipo de oración debo decir?» Deborah Rose, «The Spindrift Story», *Home Catacomb* 9, nº 2 (marzo 1995): 11-16.

Tampoco debemos olvidar que el estilo que escojamos variará con el tiempo o en función de cada ocasión. Cuando se enfrenta a la muerte, una persona reza de forma diferente a cuando reza en la iglesia o reza un Padrenuestro... Lo importante es la calidad y la armonía de la música, no el instrumento que la produce.

Los estudios que cito a lo largo del libro no sólo demuestran que la oración funciona, también revelan claramente que existe más de una forma de orar. Muchos métodos diferentes son efectivos. Uno puede rezar para que se produzca un suceso concreto, como por ejemplo un aumento de la actividad del sistema inmunitario. Por otra parte, también se puede recurrir a construcciones generales del tipo: «Hágase tu voluntad» o «Que ocurra lo mejor que deba ocurrir». Pueden utilizarse las palabras o el silencio; puede rezarse a distancia o junto a la cama de alguien. Todos estos métodos se han revelado efectivos cuando se han puesto a prueba. Incluso existen pruebas de que podemos rezar en sueños. En consecuencia, a pesar de que a lo largo de la historia muchas personas hayan buscado la auténtica forma de rezar, nadie ha conseguido descubrirla, porque no existe ninguna «fórmula para rezar».

En general nos resulta difícil aceptarlo. En la vida moderna, estamos acostumbrados a creer con los ojos cerrados en expertos que tienen las respuestas que necesitamos. Consultores y especialistas de todos los temas imaginables resuelven nuestras dudas. Cuando queremos soluciones, encargamos un estudio, convocamos una reunión o contratamos a un equipo de profesionales. La fe que tenemos en los conocimientos de los expertos explica en cierto modo nuestras suposiciones relativas a la oración. Pensamos que seguro que hay alguien —sacerdotes, rabinos, santos, místicos— que sabe cuál es la mejor forma de rezar.

Por lo que respecta a la oración, sólo nosotros podemos asesorarnos. Esto no significa que no podamos beneficiarnos de la experiencia y los consejos de los demás, pero en algún momento deberemos dejar sus recomendaciones a un lado, lanzarnos y descubrir nuestra propia y única forma de rezar.

¿Qué hay del consejo de la teóloga de «preguntar a Dios» cómo rezar? Tal vez pueda parecer como si un asesor celestial esté esperando a que le preguntemos para darnos todas las respuestas. Pero preguntar a Dios no significa buscar fuera de nosotros, «allá arriba». Cuando preguntamos a lo Absoluto cómo rezar, miramos en nuestro interior, porque el Todopoderoso es omnipresente y también está en nosotros. Como dijo el experto en mitología Joseph Campbell: «El reino de los cielos está en nuestro interior. ¿Quién hay en el cielo? ¡Dios! ¡Eso significa que Dios está en nuestro interior!»[61] Al examinar nuestro interior, nos convertimos en nuestros propios sacerdotes supremos.

El filósofo y escritor James W. Jones relata una antigua leyenda india que expresa la sabiduría que

---

61. «El reino de los cielos está en nuestro interior.» Michael Toms, *Interviews with Joseph Campbell* (colección de casetes de audio). New Dimensions Radio, 475 Gate Five Road, Suite 206, Sausalito, CA 94966, USA.

todos tenemos. Cuenta la leyenda que los dioses estaban discutiendo dónde esconder el secreto de la vida para que los hombres y las mujeres no lo encontraran[62]. «Enterradlo bajo una montaña», sugirió un dios, «allí nunca lo encontrarán.» «No», replicaron los demás, «un día descubrirán la forma de cavar en la montaña y recuperarían el secreto de la vida.» «Echadlo a las profundidades del océano más profundo», propuso otro dios, «allí estará a salvo.» «No», respondieron los demás, «algun día la humanidad descubrirá la forma de viajar a las profundidades del océano y lo encontrarían.» «Pongámoslo en su interior», dijo otro dios, «a los hombres y las mujeres nunca se les ocurrirá buscarlo ahí.» Todos los dioses estuvieron de acuerdo, y así fue cómo los dioses escondieron el secreto de la vida en nuestro interior.

¿Cómo deberías rezar? No te preocupes demasiado por ello. Olvídate de tus ideas de lo que está bien y lo que está mal. Prueba diferentes métodos, y sé amable y tolerante contigo mismo mientras lo hagas. Cuando tu forma de rezar te parezca torpe o poco elegante, sonríe, date unas palmaditas en el hombro y sigue rezando.

Rezar más no siempre es mejor

Un viejo chiste habla de un ranchero de Texas cuyo negocio va muy mal debido a la sequía y el bajo pre-

---

62. «Cuenta la leyenda que los dioses estaban discutiendo dónde esconder el secreto de la vida...» James W. Jones cuenta esta leyenda en *In the Middle of This Road We Call Our Life* (San Francisco: HarperSanFrancisco, 1994), 24-25.

cio de la ternera. Sus rebaños se mueren de hambre, los pozos están secos y el precio de la ternera sigue bajando. Le cuesta más dinero criar a un vaca que lo que le pagan por ella. Un día un vecino ranchero, que se encuentra en la misma situación, le visita para charlar un rato. Apoyado sobre una valla, le dice: «Las cosas no podrían ir peor. ¿Cómo conseguiremos seguir adelante?» El viejo ganadero le responde en tono confidencial: «Lo haremos con volumen».

Muchas veces ocurre lo mismo con la oración: pensamos que más es sinónimo de mejor. Así pues, intentamos aliviar nuestros problemas con grandes dosis de plegarias, como si la oración fuera una especie de ketchup celestial que pudiera cubrir todos los sinsabores de la vida, siempre que lo utilicemos en cantidades suficientes. Un rápido repaso a la historia nos haría comprender que estamos equivocados. Han existido muchos santos y místicos que rezaban continuamente y estaban enfermos o murieron muy jóvenes, mientras que muchas personas que jamás pronunciaron una sola plegaria disfrutaron de una salud de hierro y vivieron muchos años. Cuando hablamos de oración, más no siempre significa mejor.

Sir Francis Galton, el eminente científico inglés del siglo XIX, realizó el primer estudio científico sobre la oración. Quería saber si aquellas personas por las cuales se rezaba más —reyes, jefes de estado y altos cargos eclesiásticos— vivían más años. Aunque muchísimas personas rezaban por ellas, Galton descubrió que su longevidad no era mayor, y llegó a la conclusión de que la oración no prolongaba la vida. (Sin embargo, su estudio presentaba muchos puntos débiles, como por ejemplo el hecho de no considerar que los miembros de la realeza estaban expuestos a una de las mayores amenazas para la salud en aquella época: el acoso constante de médicos. Además, también es posible que hubiera personas que rezaran en contra de ellos, cosa que al parecer Galton nunca tuvo en cuenta.)

¿Y si la oración funciona como la homeopatía? ¿Y si, contrariamente a la lógica, menos es más? En ese caso tendríamos que rezar poco pero prestando mucha atención, es decir, rezar ocasionalmente pero bien.

No estoy afirmando que deba rezarse poco y no mucho; estoy seguro de que en algunos casos es mejor rezar a menudo. Sólo quiero señalar que rezar es una actividad llena de misterio y que deberíamos prestar más atención a cómo rezamos y no en la frecuencia con que lo hacemos. La calidad es tan importante como la cantidad.

En la actualidad, muchas empresas farmacéuticas producen medicamentos que son mucho más baratos que los productos de marcas más reconocidas y tradicionales. A pesar de que los medicamentos más baratos contengan la misma cantidad de agentes químicos básicos, se ha comprobado que algunas píldoras pueden recorrer todo el sistema intestinal sin llegar a disolverse. Vuelven a salir enteras y sin alteraciones, igual que cuando se ingirieron. Estas píldoras no son ninguna ganga: podemos consumirlas en grandes cantidades sin obtener beneficio alguno.

Cuando rezamos, ¿nuestras plegarias «se disuelven»? ¿O siguen siendo tan ineficaces como cuando las pronunciamos? Tal vez suenan auténticas, contienen las palabras adecuadas, han sido recetadas por autoridades espirituales, incluso pueden provenir de libros sagrados o manuales de oración, pero nunca llegan a ser activas.

Muchas veces pensamos que, si trabajamos duro durante suficiente tiempo, podemos superar cualquier obstáculo y conseguir nuestros objetivos, y a menudo trasladamos esta idea a la práctica de la oración. Pero en la oración, más duro no siempre significa más inteligente, y más no es sinónimo absoluto de mejor.

¿Qué es mejor? ¿Podemos identificar un ingrediente esencial que sea necesario para que la oración funcione? Los resultados de los experimentos realizados sobre la oración y estados de consciencia similares a la oración revelan que una de las cualidades más importantes es el amor: compasión, empatía, preocupación sincera. El amor implica aventurarse a salir de uno mismo, a romper las fronteras que nos separan de los demás. Otros estudios señalan que también es importante si se concretan o no los deseos que esperamos que se cumplan. En estos experimentos, cuando la gente utilizaba expresiones del tipo: «Hágase tu voluntad», es decir, cuando no especificaban ni exigían lo que deseaban, la oración solía ser más efectiva.

Expresad vuestro amor: sin él, las plegarias no se disuelven.

La decisión de rezar en público o en privado depende de nuestro carácter

¿Eres una persona introvertida que prefiere estar a solas o eres extravertido y prefieres tener compañía?

La mayoría de nosotros tenemos unos rasgos de carácter y de personalidad predominantes, y estas diferencias influyen en nuestra forma de rezar.

La oración en grupo ofrece claras ventajas. Muchas personas se sienten bien si tienen la oportunidad de reunirse con otras para compartir creencias, valores y propósitos. Por otra parte, muchas personas profundamente espirituales prefieren «entrar en su habitación y cerrar la puerta» y rezar a solas, como recomienda Jesús en la Biblia (MATEO 6,6).

La pregunta de si rezar en grupo es preferible que rezar en solitario está muy relacionada con la pregunta de si rezar más es mejor. ¿Es conveniente combinar nuestras oraciones con las de otras personas y rezar en grupo? Varios especialistas dedicados al estudio de la meditación trascendental (MT) han propuesto algunas de las respuestas más interesantes a esta pregunta. Se han llevado a cabo experimentos donde se evalúa la calidad de vida de una comunidad —nivel de violencia, crimen, robos, consumo de alcohol y drogas— antes y después de un esfuerzo de meditación en grupo. Estos informes revelan que una mayor cantidad de meditación produce mayores resultados.

Siempre me han fascinado estos estudios, que se han publicado en prestigiosas revistas científicas. Cuando me invitaron a la Universidad Internacional Maharishi, en Fairfield (Iowa), donde viven y enseñan la mayoría de personas dedicadas al estudio de la MT, les pregunté: «Si la oración y la meditación funcionan a distancia, como indican los resultados de los informes, ¿por qué necesitan reunirse en grupo para conseguir producir este efecto?» «Porque nos ayuda a concentrarnos y nos hace sentir bien», fue la simple y sabia respuesta que obtuve. El hecho de reunirse en grupo facilitaba el cumplimiento de la disciplina necesaria para meditar, y estar juntos elevaba su espíritu y aumentaba su energía. Cualquier persona que haya participado en rituales de grupo confirmará la certeza de estas observaciones.

El teólogo y físico británico John Polkinghorne, presidente del Queen's College de Cambridge, propone un interesante razonamiento lógico para explicar por qué puede ser recomendable rezar en grupo. Para ello recurre a la metáfora del láser. La luz láser es increíblemente potente porque es «coherente», es decir, todas las crestas y los senos de las ondas que conforman la luz están en armonía. «Yo creo que la coherencia humana y divina en la oración... pueden hacer posibles cosas que no lo serían si nuestros propósitos no coincidieran con los de Dios», afirma Polkinghorne. «Es aconsejable animar a muchas personas para que recen por una misma cosa, no para que haya más manos llamando a las puertas del cielo, sino porque habrá más voluntades alineadas con la voluntad divina.»[63] Más coherencia, más poder, como en la luz láser.

A lo largo de toda la historia, los expertos en la oración siempre han reconocido la importancia de tener en cuenta las diferencias de carácter de cada individuo. Hace siglos, un manual de oración europeo dis-

63. «Yo creo que la coherencia humana y divina en la oración...» John Polkinghorne, «Can a Scientist Pray? *Explorations in Science and Theology*, Templeton London Lectures at the RSA (London: The Royal Society for the Encouragement of Arts, Manufacture & Commerce, 1993), 17-22.

tinguía entre dos formas de rezar: la de María y la de Marta. María rezaba a solas, en silencio, de forma contemplativa.

Era una forma de ser, no de actuar. En contraste, la forma de rezar de Marta era más activa y pública: recitaba, practicaba ejercicios verbales y utilizaba imágenes específicas. Era una forma de actuar además de una forma de ser. Estas formas de rezar diferentes reflejaban dos caracteres también muy distintos y se anticipaban a los conceptos de introversión y extraversión, que hasta el siglo XIX no fueron introducidos en la psicología moderna por C. G. Jung.

¿Es mejor rezar en solitario o en grupo? El hecho de rezar a solas o en público depende de nuestro carácter, nuestra personalidad y nuestras preferencias personales.

Para saber cómo rezar, necesitamos saber quiénes somos.

Se puede rezar en sueños

A lo largo de la historia, muchas personas han intentado rezar mientras dormían y en sueños. Pensemos, por ejemplo, en el caso de Peregrino Laziosi, un sacerdote católico que vivió en Italia de 1260 a 1345. Peregrino tenía un cáncer en el pie y habían de practicarle una amputación. Las amputaciones en el siglo XIV en Italia eran horribles: la extremidad se serraba o cortaba con un instrumento supuestamente afilado sin administrar ningún tipo de anestesia al paciente. Se dice que Peregrino rezó antes de acostarse pidiendo curarse durante la noche, y tuvo una visión según la cual se curaba. Cuando despertó, el cáncer había desaparecido, se suspendió la amputación y pasó el resto de su vida ayudando a los enfermos de cáncer. Fue canonizado como San Peregrino en 1726 y se le considera el patrón de los enfermos de cáncer.

La idea de rezar inconscientemente suele resultar difícil de aceptar para muchas personas religiosas. Después de publicar mi libro *Palabras que curan*, me invitaron a participar en un programa de televisión de una cadena cristiana que emite en todo el mundo vía satélite. Antes de iniciar la entrevista, el presentador me preguntó qué pensaba decir delante de las cámaras. Sabía que yo no practicaba ninguna religión concreta, y estaba nervioso por cuál podía ser mi punto de vista sobre la oración. ¿Tenía interés en centrarme en algún tema concreto? Le respondí que me fascinaba especialmente el papel del subconsciente en la oración, sobre todo en aquellos casos en que la sanación se produce durante el sueño, como en el caso de San Peregrino. Le dije que pensaba que los telespectadores estarían interesados en aquel aspecto de la oración tan poco explorado. El presentador se escandalizó. Se puso pálido y se quedó sin palabras. «¡Oh, no!», consiguió decir tras unos instantes de desconcierto. «¡No podemos hablar de eso!» Había sobrepasado los límites permitidos en el campo del subconsciente. Respeté los deseos del presentador y no hablamos de la oración en sueños.

¿Por qué algunas religiones desconfían tanto del subconsciente humano? Consideran que cuando soñamos o meditamos y «nos quedamos vacíos», no puede pasar nada, ni siquiera invasiones del mal en cualquier forma imaginable. Piensan que explorar el subconsciente es una provocación que puede conducir al desastre espiritual, y siempre debemos estar alerta. (Me pregunto si este punto de vista puede llegar a privar del sueño a los devotos.)

Estos miedos son producto de suposiciones que no se cuestionan, como por ejemplo la idea de que el subconsciente es un vacío total. Cualquier persona que haya estudiado el subconsciente sabrá que no está nada vacío, al contrario: está lleno de vitalidad, nunca descansa. Como no aceptan esto, muchas personas igualan el subconsciente a un estado de indefensión que nos hace ser un blanco perfecto para innumerables peligros.

También podemos encontrar actitudes negativas con respecto al inconsciente en la obra de Sigmund Freud. Para él, el subconsciente era el depósito de deseos patológicos y fantasías reprimidas. A Freud se le considera uno de los peores enemigos de la religión del siglo XX. La desconfianza en el subconsciente es capaz de convertir a temibles adversarios en compañeros.

A pesar de la gran desconfianza en el subconsciente que existe, muchos ejemplos, como el de San Peregrino, indican que el subconsciente puede estar íntimamente relacionado con la oración y la sanación. Tal vez esto no sea nada sorprendente. Mientras dormimos y soñamos, olvidamos nuestro ego y nuestras defensas psicológicas, entonces la oración no tiene que combatir el escepticismo y la duda que están presentes mientras permanecemos despiertos. En sueños, todo parece posible y se producen milagros. Tal vez éste sea el motivo de que muchas veces los sueños parezcan ser las formas de oración más efectivas.

La oración y los sueños se influyen mutuamente de muchas formas diferentes, como por ejemplo en el siguiente caso:

En diciembre de 1992, me diagnosticaron[64] un cáncer en la vejiga urinaria que se había extendido a los nódulos linfáticos. Acudí a la Clínica Mayo para tener una segunda opinión. Los médicos de la clínica, como los que realizaron el primer diagnóstico, me recomendaron que inmediatamente me sometiera a una operación quirúrgica de extirpación de vejiga y próstata, consejo que seguí. Tras recuperarme de la operación, todos los médicos insistieron en que debía seguir un tratamiento de quimioterapia por si el cáncer no había sido completamente eliminado mediante cirugía. Finalmente decidí no seguir sus consejos y preferí utilizar varios métodos naturales que conocía y en los que creía.

La segunda noche después de iniciar este programa, hablé con Dios. Le dije que estaba seguro de que estaba haciendo lo correcto, que estaba curado o me curaría por completo, y que quería que él me lo confirmara en sueños con una señal tan clara que no tuviera ninguna duda.

Éste fue el sueño que tuve: yo viajaba en un coche por el campo. Estaba mirando

---

64. «En diciembre de 1992, me diagnosticaron un cáncer en la vejiga urinaria...» Resumen de un relato personal; 1995. Reproducido con permiso.

por la ventana y de repente vi que una luz aparecía en el cielo. La luz brillaba cada vez con más intensidad e iluminaba todo el universo. Yo estaba muy emocionado y le dije al conductor: «¡Es la luz! ¡Es la luz de la que habla la Biblia...! ¡Es la señal!» Me desperté sabiendo que había recibido una señal de Dios, que estaba haciendo lo correcto y que me curaría si es que no estaba ya curado.

Ahora mi cáncer ha desaparecido por completo. Mis escépticos oncólogos no pudieron encontrar ningún síntoma ni residuo de la enfermedad. Me siento muy agradecido y afortunado por esta experiencia.

A lo largo de toda la historia que conocemos, muchas personas han encontrado su camino, es decir, han descubierto cómo debían actuar en un determinado momento, a través de los sueños. Veamos el siguiente ejemplo:[65]

En un período de dos años, mi marido y yo perdimos nuestros respectivos empleos. Con cuatro niños en casa, la vida se había vuelto realmente difícil. Para mi marido, aquella situación era una grave crisis profesional. Incapaz de encontrar otro empleo, intentaba sacar adelante su propio negocio. Para mí, era una crisis más bien espiritual. Después de perder mi trabajo, pasé tres meses explo-

---

65. «En un período de dos años, mi marido y yo perdimos nuestros respectivos empleos.» Resumen de un relato personal; 1995. Reproducido con permiso.

rando mi interior —leyendo, meditando, paseando, pensando— para descubrir cuál era el siguiente paso que debía dar en la vida.

Entonces tuve un sueño. Yo conducía por una autopista muy oscura. No había ninguna luz ni ningún otro coche. De repente, a lo lejos, vi los dos faros de un coche que se acercaba hacia mí... ¡por mi carril! Tuve tiempo de pensar y decidir cuál era la mejor forma de evitar un choque. Aunque sabía que normalmente debería desviarme hacia la derecha, pensé que en aquel caso lo mejor era desviarme hacia la izquierda. Así lo hice, y después de que el coche pasara junto a mí sin que nada ocurriera, pensé: «¡Uf! ¡Espero que se dé cuenta de que va en dirección contraria y dé la vuelta!» Poco después, vi muchas luces que se dirigían hacia mí. Esta vez me di cuenta de que era yo quien iba en dirección contraria. De nuevo, tuve tiempo de pensar y tomar una decisión. Rápidamente di media vuelta y me alejé conduciendo en el sentido correcto.

Cuando me desperté pensé en el sueño, pero no fui capaz de encontrarle ningún sentido ni interpretación. Aquel mismo día, mientras rezaba mis oraciones antes de acostarme y sintiéndome insegura y desconcertada, pedí alguna señal que me tranquilizara. Tan pronto como expresé mi deseo, ¡me di cuenta de que mi petición había obtenido respuesta! Comprendí que el mensaje del sueño que había tenido era que hasta entonces había ido en una dirección equivocada, pero ahora avanzaba en la dirección correcta.

¿Podemos realmente rezar en sueños? Muchas personas dedicadas a la investigación de los «sueños lúcidos» afirman que sí. El sueño lúcido es un estado en el que uno sabe que está soñando, y normalmente implica el control voluntario del contenido del sueño que se está teniendo. Investigadores como Stephen LaBerge, Jane Gackenbach, Robert van de Castle y muchos otros han publicado libros que podrán orientar a cualquier persona que esté interesada en explorar este tema tan fascinante. Los expertos en parapsicología Stanley Krippner y Montague Ullman han llevado a cabo experimentos de laboratorio que revelan que, durante el sueño, una persona puede adquirir información específica y transmitirla voluntariamente a otras personas a distancia. Estos estudios demuestran que el contenido de los sueños no tiene nada que ver con el azar, como sugieren otros científicos.

A lo largo de la historia de la humanidad, los grandes sacerdotes, chamanes y profetas de todas las religiones han obtenido información a través de los sueños y las oraciones nocturnas[66]. La mayoría de las culturas han considerado que los sueños son una forma de conectar con los dioses. Incluso en la Biblia se considera que los sueños son un canal de transmisión de

---

66. «A lo largo de la historia de la humanidad, los grandes sacerdotes, chamanes y profetas de todas las religiones han obtenido información a través de los sueños y las oraciones nocturnas.» Véase Phil Cousineau, *Prayers At 3 A.M.: Poems, Songs, Chants and Prayers for the Middle of the Night* (San Francisco: HaperSanFrancisco, 1995).

sabiduría del Todopoderoso a los humanos. Uno de los obstáculos modernos a estas antiguas tradiciones es la idea de que la oración siempre debe ser una actividad que se realiza mientras estamos despiertos, debe incluir palabras y rituales y debe practicarse en una iglesia, catedral o sinagoga. Sin duda estas actividades forman parte de la oración, pero ellas solas no configuran el cuadro entero.

Meister Eckhart, místico cristiano del siglo XIII, dijo: «No existe nada en toda la creación que se parezca tanto a Dios como la quietud», incluyendo, podemos suponer, la quietud de los sueños.

Vislumbrar el infinito

Una de las mayores cargas que soportamos es la certeza de que la vida acabará trágicamente en muerte. Este miedo se refuerza con la creencia de que el tiempo corre, como si se tratara de un río, y nos lleva inevitablemente hacia la extinción. La muerte nos espera a todos; nadie escapa al paso del tiempo.

A pesar de la creencia común de que el tiempo corre continuamente y en una sola dirección, en toda la historia de la ciencia, ningún experimento ha podido demostrar que el tiempo corre. Esto puede sorprender a muchas personas que suponen que los científicos hace ya mucho que hallaron una explicación a los conceptos básicos relativos al tiempo. De hecho, la naturaleza del tiempo es un tema de debate polémico entre los científicos, y no parece que en breve vaya a llegarse a ninguna conclusión. No debemos esperar obtener respuestas definitivas de los científicos acerca de qué es el tiempo. Algunos investigadores, como el ganador del premio Nobel Ilya Prigogine, intentan aplicar los conceptos de linealidad y dirección al tiempo, siguiendo los criterios marcados por el sentido común. Otros, como el también ganador del premio Nobel Richard Feynman, declaran que la naturaleza del tiempo es simplemente «demasiado difícil», sugiriendo que probablemente tendrán que pasar bastantes años antes de que hallemos respuestas a todas estas preguntas. El físico John Hagelin, una autoridad en el campo de la física llamado teoría de cuerdas, cree que el tiempo no está formado por unidades sucesivas como los segundos, minutos y horas, sino que afirma lo siguiente: «La única unidad natural de tiempo es la Eternidad».

¿Es inevitable que la vida finalice trágicamente en muerte? Depende de cómo expliquemos la naturaleza del tiempo. Si el tiempo no corre tal como suponemos, tal vez deberíamos replantearnos el significado de la muerte. Esto no significa que la muerte no ocurra, sino que su significado puede ser diferente del que normalmente aceptamos como único y verdadero. Tal vez no es el final absoluto que creemos que es.

¿Cómo podemos decidirnos? En lugar de rezar para no morir, tal vez deberíamos rezar para comprender el tiempo de forma diferente, para comprender el tiempo como eternidad en lugar de un proceso continuo que siempre conduce a la aniquilación. Si a través de la oración consiguiéramos tener un concepto diferente del tiempo y no considerarlo como algo que corre, podríamos neutralizar la sensación de tragedia que sentimos.

La oración puede revelar cómo es la eternidad.

Mientras rezamos muchas veces sentimos que el tiempo se detiene, y por un momento vislumbramos el infinito. Esta percepción puede sobrepasar la oración y extenderse a todos los momentos de nuestra vida consciente. Este nuevo concepto de tiempo puede conseguir que continuamente nos sintamos inmortales.

Para todas aquellas personas que han asimilado este concepto, la inmortalidad no es una posibilidad teórica, sino una certeza. De este modo la oración anula la tragedia: no evitando que ocurran sucesos negativos, sino modificando el impacto de estos sucesos en nosotros transformando nuestro concepto de tiempo.

Más que dedicar tiempo a la oración, tal vez deberíamos dedicar oraciones al tiempo, pero no al tiempo que corre y que provoca miedo y ansiedad, sino al tiempo que es infinito y eterno.

¿Por qué no puede la oración erradicar toda la tragedia del mundo? Tal vez ya lo ha conseguido. Justo a tiempo.

Perdonarnos a nosotros mismos por estar enfermos

«Si hubiera avanzado más en mi camino espiritual, los resultados de la biopsia habrían sido negativos», me dijo uno de mis pacientes en una ocasión. ¿Por qué nos culpamos a nosotros mismos por estar enfermos? Yo lo llamo «culpa de la Nueva Era», y en nuestra sociedad actual es una epidemia bastante común. Las acusaciones también pueden provenir de los demás; en este caso lo llamo «acusación de la Nueva Era».

Sin duda la enfermedad puede ser un reflejo de la psique. Por ejemplo, los ataques al corazón tienen más incidencia entre las personas que están sometidas a una gran tensión laboral y las exigencias de su trabajo escapan a su control. También se sabe que las personas que padecen una fuerte ansiedad y se muestran cínicas y pesimistas con respecto a la vida en general —la llamada personalidad tipo A— tienen una mayor probabilidad de morir jóvenes debido a enfermedades del corazón.

Pero estos ejemplos no implican que todas las enfermedades estén relacionadas con problemas psicológicos o fracasos espirituales. Muchos santos y místicos de todas las épocas murieron de terribles enfermedades, en ocasiones a una temprana edad. Como la teóloga Karen Armstrong señala en su libro *Visiones de Dios*: «El misticismo puede suponer una grave amenaza para la salud. La vida mística debería etiquetarse con una advertencia sanitaria: puede perjudicar seriamente la salud física y mental».[67] Si el hecho de «ser espiritual» inmunizara al individuo contra la enfermedad, todos los santos y místicos deberían disfrutar de muy buena salud y vivir muchos años. La evidencia de que en muchos casos no ha sido así demuestra que una persona puede alcanzar altos niveles de espiritualidad y ser víctima de una grave enfermedad.

¿Por qué las células del estómago del Ramana Maharshi, el santo más venerado de la India moderna, se volvieron cancerígenas, y por qué este hombre murió de cáncer de estómago? ¿Por qué Buda murió tras comer alimentos tóxicos? ¿Por qué Santa Teresa padeció una grave artritis? ¿O por qué los resultados

---

67. «El misticismo puede suponer una grave amenaza para la salud.» Karen Armstrong, *Visions of God* (New York: Bantam, 1994), x-xi, 5.

de nuestra biopsia fueron positivos a pesar de que nos hayamos dedicado plenamente a nuestra vida espiritual? En todos los casos, las células del cuerpo sólo son eso, células del cuerpo que actúan de acuerdo con su naturaleza y a veces funcionan mal.

Durante los últimos cincuenta años, los científicos han descubierto muchas cosas sobre la relación entre el cuerpo y la mente. Estos descubrimientos, por muy importantes que sean, no deben llevarse demasiado lejos. La relación entre la salud física y la mental es general, no invariable. Aunque hagamos nuestros deberes espirituales, no siempre tendremos la garantía de disfrutar de buena salud.

En el primer versículo del primer capítulo del libro de Job, se dice de Job que era un «hombre perfecto.» Y más adelante: «En todo esto no pecó Job». La historia de Job demuestra que la perfección puede coincidir con la desgracia personal y la enfermedad física. Las células de nuestro cuerpo actúan por cuenta propia y a veces nos perjudican, por muy elevados que sean los niveles espirituales que hayamos alcanzado.

Prácticamente todo el mundo padece una enfermedad tarde o temprano. Cuando nos hacemos las preguntas inevitables —¿por qué me está pasando esto? ¿por qué yo?—, deberíamos evitar culparnos a nosotros mismos del problema. Cuando nuestros órganos, células y moléculas funcionan mal, en lugar de criticarlas deberíamos darles las gracias por habernos conservado la vida.

La doctora Gladys MacGarey, ex presidenta de la Asociación Médica Holística Americana, comprende el valor de adoptar una actitud de perdón y comprensión hacia el cuerpo. En una ocasión afirmó que las mujeres deberían ser menos pesimistas cuando examinan sus pechos. Aconseja a las mujeres que, en lugar de buscar bultos con miedo y turbación, se dirijan a sus pechos como si fueran dos buenas amigas al iniciar el examen: «¡Hola, chicas! ¿Qué tal? ¿Cómo estáis hoy?»

Deberíamos ser menos exigentes con nuestro cuerpo, quizá él nos lo agradecerá. A nadie le gusta que le repitan constantemente que tiene que ser perfecto.

Rezar «Hágase tu voluntad»

Para rezar utilizando las expresiones «Hágase tu voluntad» o «Que ocurra lo mejor posible» es preciso tener fe en que prevalecerán los resultados más positivos. También implica dejar a un lado nuestras preferencias y exigencias, cosa que puede resultar muy difícil porque la mayoría de nosotros pensamos que ya sabemos de antemano lo que es mejor y no perdemos tiempo diciendo al Absoluto lo que debe hacer.

Por este motivo, muchos tenemos una especie de agenda oculta cuando recurrimos a un tipo de oración de final abierto. Si padecemos una enfermedad y rezamos «Hágase tu voluntad», es probable que también pensemos: «¡Ah, por cierto! No me importaría curarme.» O también: «Hágase tu voluntad, pero de paso envíame un ascenso». Si nuestros deseos y exigencias personales contaminan nuestras oraciones del tipo «Hágase tu voluntad», las plegarias no son sinceras.

Uno de los mejores motivos para confiar en una plegaria de final abierto es que nuestro conocimiento es limitado. Incluso cuando pensamos que estamos rezando para conseguir lo que es mejor, es posible que estemos equivocados. Deborah Rose, ex vicepresidenta de Spindrift, Inc., institución dedicada al estudio de la oración, propone la analogía de rezar para que las tomateras crezcan bien[68]. Suponemos que lo mejor para las tomateras es producir grandes cantidades de tomates, cuanto más grandes y rojos mejor, y hacerlo deprisa. ¿Pero realmente es esto lo mejor? Este tipo de hortalizas pueden producirse colocando las plantas en un invernadero, pero los tomates cultivados de esta forma no son tan gustosos, se reproducen en menor abundancia y pierden resistencia contra las enfermedades. En consecuencia, aunque pensemos que estamos rezando para que las plantas crezcan más sanas, descubrimos que en realidad nuestras oraciones pueden perjudicarles.

¿Habría sido mejor rezar simplemente «Hágase tu voluntad»? Si lo hubiéramos hecho y las tomateras hubieran crecido más lentamente y producido tomates más pequeños de lo que esperábamos, quizá nos habríamos quejado de que nuestras plegarias no fueron escuchadas, aunque de hecho podrían haber obtenido respuesta desde el punto de vista de las hortalizas.

Rose cree que los resultados de las investigaciones de Spindrift indican que en la oración existe una «fuerza del equilibrio» que evita que la oración se utilice para estimular un organismo más de lo que le conviene. En un experimento realizado por Spindrift, cuando los

---

68. «Deborah Rose... propone la analogía de rezar para que las tomateras crezcan bien.» Véase Deborah Rose, «The Spindrift Story», *Home Catacomb* 9, n° 2 (marzo 1995): 11-16. Los comentarios de Rose sobre la «fuerza del equilibrio» también pertenecen a la misma fuente.

agricultores rezaron «Hágase tu voluntad», sus vacas produjeron menos leche, no más. Rose explica:

La fuerza del equilibrio normalmente provoca que una vaca produzca menos leche porque a estos animales se les suele alimentar y mantener en unas condiciones especiales para que produzcan más leche de lo que les conviene... La gente dirá: «¡Oh, mis oraciones no han funcionado». Pero en realidad sí lo hicieron. La fuerza del equilibrio hará lo que sea mejor para el organismo, que no necesariamente será lo que tú esperas.

A veces esta fuerza del equilibrio defendida por los investigadores de Spindrift parece tener en cuenta no sólo las necesidades del organismo, sino también aquéllas de la comunidad a la que pertenece:

Si te estás muriendo de hambre, estás a punto de perder tu granja y rezas para que las vacas produzcan suficiente leche para obtener el dinero necesario para salvar la granja y alimentar a la familia... es posible que la fuerza del equilibrio provoque que las vacas den más leche, pero lo hará de forma que ellas no resulten perjudicadas... La fuerza del equilibrio trabaja en favor de la comunidad. No puede manipularse ni engañarse, y tiene su propia ética o sentido de la justicia. Intentará satisfacer las necesidades de todos los miembros de la comunidad.

Spindrift siguió experimentando sobre estas ideas. Aunque las oraciones hicieron que las vacas norteamericanas produjeran una menor cantidad de leche, en Haití las plegarias provocaron que la producción de leche de cabra fuera mayor. En este país la población necesitaba desesperadamente la leche; en los Estados Unidos no. Los investigadores de Spindrift consideran que este caso es un ejemplo de que la fuerza del equilibrio de una oración del tipo «Hágase tu voluntad» no actúa a ciegas, sino que toma en consideración las necesidades tanto del organismo como de la sociedad en general.

Estas consideraciones pueden parecer desconcertantes. ¿Cuáles son las necesidades del organismo y cuáles las de la comunidad o la sociedad? ¿Dónde está el equilibrio entre las necesidades de ambos? Cuando recurrimos a una oración del tipo «Hágase tu voluntad» no necesitamos conocer la respuesta a estas preguntas. La fuerza del equilibrio nos las proporciona sin requerir nuestra ayuda.

Cuando trabajaba con la población rural de Haití, el equipo de Spindrift tuvo problemas para almacenar la leche. Entonces rezaron para obtener algún tipo de sistema de refrigeración que les permitiera conservar la leche en buen estado. Aunque el sistema de refrigeración no apareció, la leche empezó a conservarse fresca durante varios días más sin necesitar refrigeración.

Cuando intentaron reproducir estos resultados en los Estados Unidos, no lo consiguieron. «No sabemos con seguridad por qué los resultados fueron diferentes», explica Rose, «pero pensamos que tiene algo que ver con la necesidad. En la cocina de mi casa no necesitábamos realmente que la leche se conservara en buen estado, mientras que en Haití muchas vidas dependían literalmente de ello.»[69]

Si las observaciones de Rose son correctas —si el lugar donde se realiza un experimento y el contexto

---

69. «En la cocina de mi casa no necesitábamos realmente que la leche se conservara en buen estado...» Deborah Rose, «The Spindrift Story», *Home Catacomb* 9, nº 9 (diciembre1995): 9.

social son relevantes—, las implicaciones para la ciencia son muy importantes. Según el pensamiento científico actual, el lugar donde se llevan a cabo las pruebas es irrelevante. Si un experimento funciona en Boston, en Brasil debería hacerlo igual de bien. Aunque esta afirmación pueda ser cierta en algunos tipos de experimentos, quizá sea errónea en el caso de los estudios relacionados con la oración u otras actividades de la mente. Para aceptar el funcionamiento de la oración, tal vez la ciencia debería ampliar los límites de su marco actual.

En una ocasión recibí una carta de un hombre que afirmaba que las oraciones del tipo «Hágase tu voluntad» eran una forma de evadir responsabilidades. «La gente sin valor se siente atraída por este tipo de oración», decía. «Si la gente reza 'Hágase tu voluntad', siempre pueden decir que su plegaria obtuvo respuesta. Nunca deben afrontar el hecho de que la oración es inútil. Si tuvieran valor rezarían por algo concreto, y se arriesgarían a comprobar que esa plegaria puede fallar.» Yo no estoy de acuerdo con esta idea. La oración del tipo «Hágase tu voluntad» no es para los cobardes, sino para las personas que tienen la fuerza de aceptar el veredicto del Absoluto, sea cual sea. Es mucho más fácil pedir y exigir cosas concretas. El gran reto es estar satisfecho con menos leche, no con más.

Rezando por el trigo en Iowa[70]

Hablemos de una lista de oraciones. El reverendo

---

70. La información contenida en el capítulo «Rezando por el trigo en Iowa» proviene de las siguiente fuentes: Joyce Vogelman, «Power of Prayer: Con-

Karl E. Goodfellow, un ministro metodista de la población estadounidense de Guttenberg, en Iowa, incluye a doce mil personas en su lista de oraciones, que es aproximadamente el número de familias que viven en los ocho condados que forman su distrito en el noroeste del estado. El reverendo Goodfellow piensa en grande. Es posible que pronto su lista crezca hasta incluir a las cien mil granjas que existen en todo el estado.

Goodfellow empezó a estudiar la oración como parte de su tesis doctoral en el seminario. Por aquel entonces estaba interesado en los cambios sociales que se producían en la iglesia causados por la oración. Más adelante descubrió pruebas de que la oración podía influir en el porcentaje de germinación y características de crecimiento de las semillas. Cuando se convirtió en ministro rural en Iowa, cuya tierra es una de las más ricas del planeta, tuvo una oportunidad magnífica de comprobar los efectos de la oración sobre las plantas.

La comunidad religiosa de Goodfellow empezó a rezar por las semillas, y las semillas rindieron mejor. Después el reverendo pidió a Dios que bendijera parte de un campo de trigo. Los granjeros que participaron en el experimento afirmaron que se consiguieron mejores cosechas en las zonas donde se habían bendecido los cultivos. Los agricultores son gente prácti-

---

gregations Pray for Thousands of Iowa Farmers During Harvest», *Iowa Farmer*, 30 de septiembre de 1995; Jean Caspers-Simmet, «Help from High Places? Pastor inspired Parishioners to Pray at Harvest», *Agri News* 40, nº 22 (23 de noviembre de 1995); y relatos escritos personales del reverendo Karl E. Goodfellow, diciembre de 1995.

ca: cuando algo funciona, se dan cuenta de ello. Los medios de comunicación también se dieron cuenta, y el proyecto de Goodfellow se mencionó en publicaciones nacionales y el reverendo fue entrevistado en varios programas de televisión.

¿Por qué tanto interés? En pocos años, en el centro de los Estados Unidos se ha reducido el número de explotaciones agrícolas en activo de forma alarmante. Cada granja que cierra supone una pérdida de 70.000 dólares para la economía local. Pero las pérdidas no son sólo económicas. En el estado de Iowa, la gente se da cuenta de que está vinculada a la agricultura tanto si vive en el campo como si no. La reducción de la población rural está poniendo en peligro el tejido social. La gente ve cómo sus vecinos emigran, las escuelas y las iglesias se cierran y comunidades enteras corren el peligro de desaparecer.

El reverendo Goodfellow comentó el problema con los religiosos de su región. Todos los ministros con quienes se entrevistó coincidieron en que tenían miedo del impacto de la reducción de la población rural. Si la oración funciona para las cosechas, pensó Goodfellow, ¿por qué no para los agricultores? Se marcó el objetivo de encontrar a una pareja que rezara para cada uno de los agricultores y granjeros de Iowa. Estas parejas rezarían a diario desde el 8 de octubre hasta el 30 de noviembre, que es la época de cosecha. Se sorprendió al descubrir que en todo el estado había aproximadamente unas cien mil granjas. «Era un poco abrumador», confesó. De modo que decidió reducir el proyecto para incluir «sólo» a las doce mil familias de los ocho condados de su distrito religioso.

Todas las personas que accedían a colaborar recibían una lista con el nombre de diez familias por las cuales debían rezar, además de un folleto de devotos mensajes de carácter marcadamente rural. Todos los días, alguien rezaba por las familias, mencionando explícitamente su nombre. Algunas de las personas que oraban prefirieron mantener el anonimato, pero otras enviaban cartas a las familias de su lista, acompañadas de una copia del folleto de mensajes. «Muchas familias rurales están acostumbradas a que la iglesia sólo contacte con ellas para pedir dinero», afirma Goodfellow. «Posiblemente ésta ha sido la primera vez que la iglesia se dirige a ellos para decirles que alguien reza por ellos, que se valora y aprecia su papel en la iglesia y la comunidad.»

Además de rezar para obtener una buena cosecha, los feligreses también rezaban para que se produjeran menos accidentes en las granjas, uno de los problemas más importantes de la América rural. Trabajar en el campo no sólo es duro, sino que también puede ser muy peligroso. Muchos granjeros y agricultores pierden dedos, manos y brazos.

El folleto utilizado en el proyecto de Iowa lleva por título *La cosecha de Dios, la gente de Dios*, y es una recopilación de mensajes inspiradores escritos por los mismos habitantes de la zona. Los mensajes son realmente profundos y conmovedores. La reverenda Joann Hary, pastora de la Iglesia Metodista Unida, de Aurora y Lamont, que creció en una granja, relata cómo su padre perdió un brazo en un accidente en la granja y su posterior recuperación. Su padre «se hizo amigo» de la prótesis que sustituía su mano izquierda y visitaba a otros granjeros que habían resultado heridos. Les aseguraba que si por la gracia de Dios él podía hacerlo, ellos también. Unas páginas después, Richard Shaw, de Calmar, habla del dolor que sintió cuando se vio obligado a abandonar su granja. Mientra leía el folleto, aquellos mensajes llenos de fe y esperanza me conmovieron enormemente.

Yo crecí en una pequeña plantación de algodón en Texas, y siempre he sentido un gran respeto por los granjeros y agricultores. Por todas las dificultades que deben soportar y superar, los agricultores pueden ser las personas que sienten una mayor inclinación por la espiritualidad. En general, sienten un gran respeto y reverencia por la Tierra. Al leer algunos de los mensajes del folleto escrito por los habitantes de Iowa, todavía me convencí más de la certeza de esta afirmación.

«Respeta los sistemas y ciclos de la naturaleza», recomienda el mensaje del folleto para el día 10 de octubre, mensaje escrito por la reverenda Mary K. Green, de la Iglesia Metodista Unida de Edgewood, Iowa.

Conoce lo que te rodea y sus necesidades[71]. Utiliza la lógica, la ética y el amor, como hace cualquier pastor... La pérdida de suelo es una amenaza para la civilización. Cuando éste desaparece, también se desvanece la posibilidad de vida... ¡Se pretende que los agricultores produzcan alimento para 92 millones de personas más con 24 billones de toneladas de suelo menos todos los años!... El futuro depende de no ago-

---

71. «Conoce lo que te rodea...» Reverenda Mary K. Green, mensaje del devocionario para el día 10 de octubre, *God's Harvest-God's People*, ed. Karl E. Goodfellow (Guttenberg, IA: United Methodist Church, 1996), 5.

tar los recursos de la agricultura. El destino de la tierra y el agua del mundo viene determinado por cómo NOSOTROS los utilizamos. Cada persona tiene su oportunidad de actuar. Vincúlate física, personal y espiritualmente a la tierra que nos permite sobrevivir. Sé consciente de que tus actos pueden influir de forma importante y positiva en la creación de Dios. Haz lo correcto, sé el Buen Pastor, aunque pueda resultar difícil, incómodo o costoso.

Liz Goodfellow, esposa del reverendo Karl, escribió el mensaje correspondiente al día 28 de octubre. Liz también creció en el campo, y siendo aún niña aprendió que el dolor y el sufrimiento nunca están muy lejos de una granja.

Los accidentes ocurren muy deprisa[72], o al menos así me lo pareció cuando mi hermano apretó el interruptor para activar la ensiladora y, al cabo de un segundo, vimos que mi padre tenía el brazo empapado de sangre. Mi padre estaba intentando arreglar la máquina y, como él estaba lejos y había mucho ruido, nosotros habíamos entendido mal sus instrucciones. *¡Oh, Dios, ayúdanos! ¿Qué hemos hecho?* Gracias a Dios, mi padre mantuvo la calma en todo momento. Rápidamente nos dijo qué debíamos hacer para ayudarle y pronto mi madre y él se marcharon al hospital. Los demás nos quedamos en casa terminando algunas tareas y preguntándonos qué estaría ocurriendo. ¿Iría todo bien? ¿Por qué tenía que haber pasado aquello? ¿Podríamos volver a ayudarle de nuevo? Es-

---

72. «Los accidentes ocurren muy deprisa...» Liz Goodfellow, *God's Harvest-God's People*, ed. Karl E. Goodfellow (Guttenberg, IA: United Methodist Church, 1996), 23.

tábamos desesperados. Nunca quisimos hacer nada malo. *¡Escucha mi llanto, oh, Dios! ¡Atiende mis súplicas!...* Mi padre volvió a casa aquel mismo día, con las heridas cosidas y sonriendo...

Desde que se puso en marcha el proyecto de rezar, los granjeros han empezado a vivir experiencias interesantes, «cosas que han pasado y que podrían haber sido desastres pero no lo fueron.» Un agricultor cayó en un silo de grano y estuvo a punto de morir ahogado, pero consiguió salir ileso del accidente. Otro granjero cerca de Hawkeye estaba conduciendo una cosechadora cuando un camión con remolque quedó atravesado en la carretera delante de él. Sólo un «milagro» evitó lo que podría haber sido un choque fatal.

Algunas personas se oponen a este tipo de oraciones, porque afirman que rezar para obtener cosechas abundantes es una muestra de egoísmo. Para ser coherentes, las personas que se oponen a rezar por la cosecha de trigo también deberían oponerse al Padrenuestro, porque cuando rezamos esta oración decimos «el pan nuestro de cada día, dánoslo hoy» y el pan está hecho de trigo. ¿Se opondrían al Padrenuestro?

Sin embargo, el proyecto de Goodfellow no está simplemente destinado a obtener cosechas más abundantes. Goodfellow cree que la oración no sólo ayuda a la persona o situación por la que se reza, sino también a la persona que reza. Muchas veces ha comprobado que cuando una persona reza por los demás, ella misma se vuelve más compasiva y, por ejemplo, se toma la molestia de hacer una llamada, detenerse para charlar con un conocido en la calle o llevar comida a alguien que lo necesita. No es extraño pues que el proyecto de Goodfellow haya influido no sólo en la población rural, sino también en la urbana. Parece que las personas que viven en ciudades comprenden mejor a los habitantes del campo, y muestran su interés escribiéndoles cartas y llamándoles por teléfono. Los granjeros están muy agradecidos. Un agricultor dijo que en una época en la que tanta gente parece estar en contra de los granjeros, era bueno saber que alguien les apoyaba. Un granjero de Melville llamó a Goodfellow y le dijo: «Usted no me conoce, pero sólo quería llamarle para darle las gracias. Todos los días nos enfrentamos a fuertes presiones, y es reconfortante saber que alguien se preocupa por nosotros.»

El reverendo Goodfellow[73] ha recibido cientos de solicitudes para recibir el folleto de su proyecto y participar en él. Actualmente trabaja con un grupo de la Universidad de Iowa para recoger datos fiables sobre los efectos de la oración en las cosechas y los accidentes rurales. Tiene previsto ampliar el programa para incluir a las cien mil granjas de Iowa, y posteriormente a todas las situadas en el centro del país. ¿De dónde provendrán los fondos? Eso también está en su lista de oraciones.

La respuesta no siempre es sí

Muchas personas se preguntan por qué no todas las

---

73. «El reverendo Goodfellow ha recibido cientos de solicitudes...» Las personas interesadas pueden contactar con el reverendo Karl E. Goodfellow escribiendo a la siguiente dirección: P. O. Box 706, Guttenberg, IA 52052, USA.

oraciones reciben respuesta. ¿Pero cómo sabemos que es así? Existen muchas respuestas posibles a la oración, como por ejemplo no, tal vez, quizá, aún no o ya veremos. Si tuviéramos en cuenta todas las respuestas posibles, tal vez comprobaríamos que nuestras oraciones siempre obtienen respuesta.

Si consideramos la oración desde un punto de vista médico, podemos preguntar: ¿por qué un tratamiento no funciona en el cien por cien de los casos? Jamás ha existido un tratamiento así. Incluso aquellos que han demostrado ser más seguros fallan en alguna ocasión. Es más, los médicos nunca saben de antemano si un tratamiento concreto funcionará en el caso de una persona determinada. Simplemente valoramos los pros y los contras, lo probamos y esperamos que las cosas vayan bien pero, como saben todos los médicos, siempre existe la posibilidad de que no funcione. Lo mismo ocurre con la oración. Nunca sabemos cuál será el resultado, pero de todas formas rezamos.

Es bueno que no todas nuestras plegarias obtengan un sí por respuesta. Por ejemplo, si todas las oraciones para curar enfermedades que se han emitido en la historia de la humanidad se hubieran respondido con un sí, casi nadie habría muerto. Esto habría provocado un desastre a nivel mundial hace miles de años debido a un exceso de población. Hoy no habría lugar para todo el mundo, y la Tierra no podría acoger a los humanos.

Lo cierto es que no siempre recurrimos a la oración para rezar con prudencia y sabiduría. A veces necesitamos protección contra nuestras propias plegarias. Imaginemos que miles de personas recen al mismo tiempo para conseguir la única plaza de aparcamiento que queda en el centro de una gran ciudad. Si todas sus plegarias obtuvieran un sí por respuesta, se organizaría un auténtico caos cuando todos llegaran a la vez al mismo lugar. C. S. Lewis resumió nuestras limitaciones observando: «Si Dios hubiera escuchado todas las plegarias insensatas que he hecho durante toda mi vida, ¿dónde estaría yo ahora?»[74]

¿Por qué no todas las oraciones siempren obtienen un sí por respuesta? Tenemos suerte de que así sea.

Ten cuidado con lo que pides

Según una encuesta reciente, los cinco temas de oración principales eran los siguientes: bienestar de la familia, agradecimiento, perdón, fuerza emocional y paz interior. Sin embargo, muchas personas consideran que la oración es un sistema para conseguir cosas físicas.

Esta costumbre no es nueva, por supuesto. Meister Eckhart, el gran místico alemán del siglo XIII, denunciaba este uso de la oración. En sus sermones se lamentaba de que la gente utilizara a Dios como si fuera una vaca: sólo por la leche y el queso que podían obtener. Eckhart probablemente sabía que la palabra *plegaria* proviene del término latín *precarius*, que significa «que se ha obtenido pidiendo», y *precari*, que significa «rogar, suplicar, implorar».

Sin embargo, rezar pidiendo algo no significa necesariamente que seamos codiciosos. Podemos pedir

---

74. «Si Dios hubiera escuchado todas las plegarias insensatas que he hecho...» C. S. Lewis, *Letters to Malcolm: Chiefly on Prayer* (New York: Harcourt Brace Jovanovich, 1964), 28.

disfrutar de buena salud para poder prestar un mayor servicio a los demás, o pedir que nuestra situación económica mejore para poner en marcha un proyecto que ayude a personas que lo necesitan. También podemos pedir una mayor capacidad de sentir amor y compasión.

Aquellas personas que rezan impulsadas por la codicia deberían tener mucho cuidado. La oración tiene sus propios métodos para defenderse de los que abusan de ella. Tenemos una muestra de ello en las leyendas que hablan de «la venganza de la Hada Buena»[75], sobre las cuales Mary Catherine Bateson ha escrito con gran elocuencia. Estas narraciones advierten de las peligros derivados de la codicia sin límites.

Bateson ha descubierto que estas historias son universales. Cita el clásico ejemplo del rey Midas, quien quería que todo lo que tocara se convirtiera en oro, y lo consiguió. Como si fuera un poderoso alquimista, transformó todas las cosas que le gustaban en oro, un material muy valioso, pero sin vida. Nadie pudo salvarse, ni siquiera sus seres queridos. Como consecuencia, la vida de aquel hombre se convirtió en una tragedia. Bateson también habla de la leyenda de una pareja que deseaba tener dos mil dólares y recibió esta cantidad como indemnización por la muerte accidental de su hijo. Más tarde quisieron devolverle la vida, pero descubrieron que estaba tan mutilado y

---

75. «Tenemos una muestra de ello en las leyendas que hablan de "la venganza de la Hada Buena"...» Véase el estudio de Mary Catherine Bateson sobre este tema en su artículo «The Revenge of the Good Fairy», *Whole Earth Review*, nº 55 (verano 1987): 34-48.

deforme que inmediatamente desearon que volviera a morir. La autora también cuenta la leyenda del hombre que soñaba con tener un pene tan largo que llegara hasta el suelo, y de repente se encontró con que no tenía piernas.

El hecho de que las leyendas del Hada Madrina sean universales indica que tienen un valioso propósito. Muchos consideran que juegan un importante papel en la educación de los niños. Los pequeños muchas veces desean cosas terribles. En ocasiones sus deseos son destructivos, como cuando desean la muerte de sus padres o hermanos. Tal vez las leyendas del Hada Madrina evolucionaron para enseñarles los peligros ocultos de desear irreflexivamente.

Las advertencias del Hada Madrina también pueden aplicarse a las oraciones impulsadas por la codicia. Recuerdo una tira cómica[76] que se publicó en el periódico *Out of Time*, en la que un hombre reza: «¡Dios, destruye a mis enemigos!» Viñeta siguiente: «¡Dios, concédeme al menos un único favor: destruye a mi peor enemigo!» Viñeta siguiente: Un enorme rayo desciende del cielo —«¡Zap!»— y convierte al hombre en cenizas. Viñeta siguiente: La voz del hombre surge de entre las cenizas: «Creo que me he expresado mal».

Este episodio se basa en la mitología griega. Cuando Sémele, la madre de Dionisio, pidió a su amante Zeus que se mostrara en todo su esplendor, él

---

76. «Recuerdo una tira cómica...» De *Out of Time* (un periódico de Endeavor Academy), Lake Delton, WI: Academy Publishing (primer trimestre de 1993), 5.

la destruyó con la fuerza de sus rayos. Como dijo Orson Welles: «Cuando los dioses quieren castigarnos, responden a nuestras plegarias». O como señaló la escritora Susan Ertz: «Millones de personas rezan para ser inmortales y no saben qué hacer en una tarde de domingo lluviosa.» La lección está muy clara: «Cuidado con lo que pides, es posible que lo consigas».

Conozco a un hombre que inventó un tipo de oración de la que yo jamás había oído hablar. Él la llamaba «plegaria introductoria», porque siempre la recitaba cuando empezaba a rezar. Consistía en pedir sabiduría para saber cómo rezar. Entonces un día pensó que no bastaba con aquella oración y necesitaba una introducción a su plegaria introductoria. De modo que rezó pidiendo sabiduría para saber cómo orar para pedir sabiduría para rezar. La primera vez que lo hizo se echó a reír, porque se dio cuenta de que estaba atrapado en una regresión infinita: las introducciones podían prolongarse interminablemente y jamás llegaría al verdadero motivo de su oración. De repente aquella forma de rezar le pareció superflua: eliminó todas las palabras, tanto las introducciones como las oraciones que seguían a continuación, en favor de una plegaria de silencio, y descubrió que era la que más plenamente le satisfacía.

Cuidado con las oraciones negativas

La mayoría de culturas, excepto la nuestra, siempre han creído que las personas también pueden hacer daño a los demás con sus pensamientos a distancia, incluso cuando el «receptor» ignora esta intención.

Muchos afirman que «Dios es amor» y que en principio la oración nunca podría utilizarse para herir a otra criatura. Esta afirmación podría reflejar el intento de «mantener limpias las manos de Dios», como dijo el filósofo Alan Watts. Pero, de hecho, la Biblia está llena de maldiciones y maleficios; tal vez las manos de Dios no estén tan limpias como creemos. El profeta Eliseo, por ejemplo, hizo que cuarenta y dos niños fueran devorados por dos osas porque se burlaron de su calvicie (2 REYES 2,23-24); el apóstol Pablo echó una maldición a un mago y le causó ceguera (HECHOS 13,11); e incluso Jesús maldijo a una inocente higuera porque en sus ramas no había frutos (MATEO 21,19; MARCOS 11,13-14,20-22). ¿Estos ejemplos son de maldiciones y no de «plegarias negativas»? Es posible, pero a los niños devorados por las dos osas, el mago ciego y la higuera seguramente les importó poco si la causa de su desgracia fue un maleficio, una maldición o una plegaria negativa.

Algunas culturas no consideran que exista ninguna diferencia entre una maldición y una plegaria negativa[77], como por ejemplo en Polinesia, donde se practicaba un rito llamado «oración de la muerte». Este rito se extendió a las islas Hawaii y se ha estudiado en profundidad. Los chamanes Kahuna sólo lo utilizaban en contra de personas que causaban graves perjuicios a la sociedad y no reaccionaban ante cualquier otro tipo de advertencia o medida. Los chama-

---

77. «Algunas culturas no consideran que exista ninguna diferencia entre una maldición y una plegaria negativa.» Véase Larry Dossey, «When Prayer Hurts», *Healing Words: The Power of Prayer and the Práctice of Medicine* (San Francisco: HaperSanFrancisco, 1993), 145-58.

nes se reunían en una isla y rezaban por la muerte del individuo, que se encontraba en otra isla más o menos lejana y no sabía lo que estaba ocurriendo. ¿Podemos considerar que este rito era una maldición o una oración negativa? Cada uno es libre de elegir una respuesta. En cualquier caso, este rito no tiene nada que ver con las maldiciones propias del vudú, donde se informa de la maldición al individuo afectado y, en consecuencia, éste colabora en cierto modo con el fatal cumplimiento de la predicción. En el caso de la oración de la muerte, la víctima no sabía nada. Esto significa que la muerte no puede atribuirse a la sugestión ni a ningún tipo de efecto placebo negativo («nocebo»).

Casi todas las culturas han dado por sentado que existe un lado oscuro y negativo de la oración, y han inventado una serie de métodos para protegerse contra él. Se considera que algunos rituales, imágenes, amuletos y comportamientos variados anulan los efectos nocivos y garantizan la inmunidad. Incluso en el Padrenuestro se incluye la frase: «Líbranos del mal», que suena sospechosamente como una plegaria de protección.

La mayoría de gente está convencida de que la «auténtica» oración no puede hacer daño. Si después de orar observan efectos negativos, insisten en que no fue «culpa» de la oración. Si la oración hubiera sido verdadera, los efectos no habrían sido negativos. Todo para mantener las manos de Dios limpias. Pero quizá no deberíamos descartar las posibilidades negativas con demasiada rapidez. Si estos efectos son reales y nos negamos a aceptar su existencia, podemos hacernos a nosotros mismos demasiado vulnerables.

En ocasiones algunas personas piensan que han causado daño a otras debido a sus oraciones, a pesar de que las oraciones pudieran estar llenas de amor y compasión. Un hombre explicó que había rezado «Hágase tu voluntad» por su mujer, que padecía un tumor cerebral muy desarrollado. Su mujer murió y él, convencido de que sus oraciones habían influido en el fallecimiento de su esposa, se sintió terriblemente culpable. Gracias al consejo de su párroco, consiguió superar esta creencia y comprendió que la muerte de su esposa había sido un final compasivo para una terrible situación.

¿Puede la oración causar daño?[78] Parece que muchos religiosos creen que sí. Cuando los investigadores de Spindrift estaban llevando a cabo unos experimentos de laboratorio sobre los efectos de la oración, varios sacerdotes contrarios a estos estudios rezaban para que fracasaran. Afirmaban que los medios eran blasfemos y utilizaban la oración como método para sabotearlos.

Veamos la historia de una mujer:[79]

«A principios de los setenta, yo estaba muy interesada en mi desarrollo personal, practicaba la meditación y el yoga y leía muchos libros sobre la metafísica y las religiones del mundo. Por aquel entonces un familiar, concretamente una tía política, vino a visitarme unos días. Durante su estancia, yo pensé que te-

---

78. «¿Puede la oración causar daño? Parece que muchos religiosos creen que sí.» Para ver un ejemplo de religioso que se opone al estudio de la oración, véase Theodore Rockwell, «The Bridge of Sighs: Problems of Building a Sci/Psi Bridge», *Home Catacomb* 8, nº 9 (octubre de 1994): 1-3.
79. «A principios de los setenta, yo estaba muy interesada en mi desarrollo personal.» Relato personal, 20 de junio de 1995. Reproducido con permiso.

níamos bastantes ideas en común con respecto a la fe, la sanación, la oración y la meditación.

»Al cabo de unas semanas, después de que ella hubiera regresado a su casa en la Costa Este, recibí una mordaz carta de mi tía. En ella condenaba libros que había visto en mis estanterías, diciendo que debía quemar todos los títulos sobre yoga, religiones occidentales y orientales que no fueran el cristianismo tradicional, así como todos aquellos de naturaleza metafísica. Los calificó de "satánicos" y "del diablo", diciendo que debía destruirlos para que no fueran a parar a manos de otras personas y éstas los leyeran. Ésta fue la primera señal que me hizo comprender lo diferentes que eran nuestros puntos de vista sobre los temas de los que habíamos hablado. En lugar de destruir los libros, destruí la carta.

»Pasaron unos cuantos días y no pensé más en el incidente. Entonces empecé a tener extraños "dolores de cabeza" todas las mañanas a las nueve en punto. Durante unos minutos, sentía como si dentro de mi cabeza nada estuviera en su lugar. No podía pensar con claridad. Sin embargo aquel dolor desaparecía al poco rato y volvía a encontrarme bien hasta la mañana siguiente. Conté lo que me ocurría a un amigo psiquiatra para que me ayudara a encontrar una explicación.

»Anteriormente ya había trabajado con él siguiendo una psicoterapia intensiva y clases de meditación y sanación. Después de hacerme algunas preguntas, me recomendó que, la próxima vez que sintiera lo mismo, intentara imaginar que un cable telegráfico salía de mi cabeza para descubrir hacia dónde iba, y después que imaginara el cable impregnado de amor, transmitiendo un profundo amor a quien estuviera en el otro extremo.

»Seguí sus instrucciones y, para mi sorpresa, el cable se dirigió inmediatamente hacia la población de la Costa Este donde vivía mi tía. ¡Vaya sorpresa! Cuando impregné el cable de un profundo amor, el dolor de cabeza empezó a disminuir. Después de repetir el mismo ejercicio durante dos o tres días, el problema desapareció por completo y nunca he vuelto a sentir lo mismo.

Después de recibir la carta de mi tía, supe que se había afiliado a un movimiento religioso que estaba empezando a ganar popularidad en todo el país. Me dijo que todos los días rezaba durante unos minutos a las doce del mediodía (las nueve de la mañana en la Costa Oeste, donde vivía yo).

»Lo ocurrido me convenció plenamente del poder de la oración. Si sus pensamientos podían afectarme de aquella forma a trescientos mil kilómetros de distancia, ¿qué poder podían llegar a tener los pensamientos y las palabras? La distancia no representaba ningún obstáculo. Desde entonces siento un profundo respeto por el poder de la oración y presto mucha más atención al contenido de mis oraciones... y pensamientos.

»No sólo me convencí de esto por mí misma, sino que a lo largo de los años he tenido la oportunidad de dirigir talleres sobre oración y meditación. En estas charlas, intento transmitir a los demás la importancia de sentir un profundo y sano respeto por el poder de la oración. Hablamos de las palabras, las imágenes mentales y las construcciones que pueden incluirse en nuestras plegarias: "Si es Tu voluntad...", "Por el bien de todos..." y otras fórmulas.»

Este relato ilustra algunos puntos importantes:

• Los pensamientos negativos pueden provenir no sólo de personas con malas intenciones, sino también de las que son muy religiosas, como en el caso de la tía de la protagonista de la historia. Cualquiera que sea intolerante puede causar daño a los demás. Esto no significa que estas personas recen conscientemente para perjudicar al prójimo, sino que más bien los pensamientos negativos se originan en el subconsciente y el individuo no es consciente de que está albergando actitudes perjudiciales para los demás.

• La mujer que padecía dolores de cabeza no se limitó a adoptar una postura defensiva y recurrió a oraciones o rituales de protección, sino que respondió con amor. Intentó ayudar compasivamente a la amiga lejana que experimentaba sentimientos negativos hacia ella. Aunque no conocemos el efecto de esta estrategia en la otra persona, sabemos que sus dolores de cabeza desaparecieron y se sintió protegida.

Es sorprendente la gran cantidad de negatividad que podemos transmitir en nombre de la oración. Cuando rezamos para que nuestro equipo gane la liga, rezamos por la derrota de los demás equipos y por la decepción de sus seguidores. Cuandor rezamos por la victoria de nuestro ejército, indirectamente estamos rezando por el sufrimiento y la muerte de nuestros enemigos. Esto no significa que debamos permanecer totalmente pasivos, pero deberíamos ser conscientes de las consecuencias de lo que pedimos.

Hoy en día, la mayoría creen que la oración puede tener resultados positivos o neutros, es decir, que no tiene ninguna influencia. Casi nunca consideramos la posibilidad de que la oración pueda ser perjudicial. Aferrados a la creencia de que la oración es positiva o neutra, nos parece bien ignorarla. La oración se ha convertido en un lujo, algo a lo que podemos recurrir cuando las cosas no van bien. Si tomáramos en serio el lado negativo de la oración, no seríamos tan optimistas y sentiríamos mucho más respeto por el poder de la oración. El hecho de saber que la oración puede perjudicarnos nos haría permanecer siempre alerta. La oración sería real a cada momento, no un recurso opcional que podemos ignorar cuando nos convenga.

La oración nos ayuda a luchar, no a preocuparnos

Después de una batalla naval entre Atenas y Esparta durante la Guerra del Peloponeso, muchos barcos se hundieron y cientos de marineros luchaban para no perecer engullidos por el mar. Un hombre rezaba en voz alta a la diosa Atenea para que lo salvara, pero era evidente que se estaba ahogando. Un compañero que estaba cerca de él, aferrado a una tabla de madera, le gritó: «¡Reza a Atenea, pero mueve los brazos al mismo tiempo!»

Todos podemos reconocer que las prácticas espirituales, incluyendo la oración, pueden derivar hacia la inactividad. En esta realidad se inspira el proverbio ale-

---

80. «Dios nos da las nueces, pero no las rompe.» Citado en *Sunbeams: A Book of Quotations*, ed. Sy Safransky (Berkeley: North Atlantic Books, 1990), 14.

mán: «Dios nos da las nueces, pero no las rompe»[80], y la frase de San Juan Crisóstomo, arzobispo de Constantinopla en el siglo IV a. d. C.: «Dar alimento a los hambrientos cuesta más esfuerzo que resucitar a los muertos».[81]

La oración puede utilizarse como sustituto de la acción y, a lo largo de la historia, muchas de las personas que rezaban se ganaron la fama de ser pasivos y evitar los problemas del mundo real. Los monasterios y conventos son característicos de todas las religiones, y siempre han existido individuos que se refugian en la soledad y la oración para huir de la miseria y las desgracias del mundo.

El teólogo y físico británico, John Polkinghorne, presidente del Queen's College de Cambridge, considera que la oración no tiene por qué excluir la acción. «La oración no es un sustituto de la acción, sino un estímulo para actuar»[82], observa. «Si mi anciano vecino insiste repetidamente en contarme sus historias de juventud, no puedo eludir la responsabilidad de escucharle con paciencia y limitarme a rezar por él.» En el mismo sentido, C. S. Lewis señaló en una ocasión: «Muchas veces rezo por los demás cuando debería estar haciendo algo por ellos. Es mucho más fácil rezar

---

81. «Dar alimento a los hambrientos cuesta más esfuerzo que resucitar a los muertos.» *The Sun*, n° 237 (septiembre de 1995): 40.

82. «La oración no es un sustituto de la acción...» John Polkinghorne, «Can a Scientist Pray?» *Explorations in Science and Theology*, Templeton London Lectures at the RSA (London: Royal Society for the Encouragement of Arts, Manufactures & Commerce, 1993), 17-22.

83. «Muchas veces rezo por los demás cuando debería estar haciendo algo por ellos.» C. S. Lewis, *Letters to Malcolm: Chiefly on Prayer* (New York: Harcourt Brace Jovanovich, 1964), 66.

por una persona pesada que ir a verla.»[83]

Con frecuencia la oración nos ayuda a ver qué debemos hacer con mayor claridad, pero no debemos esperar que después de rezar tengamos un halo celestial y estemos preparados para participar en una batalla, como Juana de Arco después de sus revelaciones. La relación entre oración y acción suele ser más sutil. Normalmente la comprensión de lo que cada uno debe hacer se alcanza de forma gradual a partir del sentimiento de respeto y reflexión que empieza a impregnar toda nuestra vida, no de un momento culminante durante una oración determinada.

La psicóloga Ira Progoff[84] relata un acontecimiento de la vida de Abraham Lincoln que demuestra esta sutil, y sin embargo profunda, relación. Se sabe que Lincoln rezaba y se le considera uno de los presidentes de los Estados Unidos más espirituales. Desde joven supo que había de realizar grandes obras en la vida, pero debía desarrollar su mente y adquirir experiencia si quería cumplir su destino. Sin embargo, su entorno social ofrecía pocas posibilidades de desarrollo profesional y Lincoln tuvo miedo de que sus esperanzas no llegaran a cumplirse jamás.

Un día se encontró con un desconocido que llevaba un tonel lleno de chismes y periódicos viejos, y le dijo a Lincoln que le vendía el lote completo por un dólar. Al darse cuenta de que aquel hombre necesitaba dinero, Lincoln, con su característica amabilidad, le dio un dólar, aunque no tenía ni idea de si el

---

84. «La psicóloga Ira Progoff relata un acontecimiento de la vida de Abraham Lincoln...» Véase Ira Progoff, *Jung, Sunchronicity, and Human Destiny* (New York: Julian Press, 1973), 170-71.

contenido del tonel le sería de alguna utilidad. Cuando vació el tonel, encontró una edición casi completa de los *Comentarios* de Blackstone. Estos libros ayudaron a Lincoln a convertirse en abogado y posteriormente entrar en el mundo de la política.

La amabilidad y el respecto de Lincoln hacia los demás, cualidades que muchas veces son fruto de la oración, provocaron un suceso que cambió su vida y que, sin ellas, tal vez nunca habría ocurrido. Lincoln no tuvo una revelación de repente mientras estaba rezando, sino que varios elementos muy humildes —un tonel de objetos viejos, un desconocido que se cruzó en su camino, un dólar y la compasión innata de Lincoln— se combinaron inesperadamente para ayudar a forjar el destino de un país e influir en las vidas de millones de personas.

«No es bueno buscar los momentos de iluminación»[85], dijo C. S. Lewis, consciente de las experiencias como la que vivió Lincoln:

«A veces parece que Dios nos habla más íntimamente cuando nos pilla desprevenidos, por sorpresa. Los preparativos para recibirle suelen tener el efecto contrario... "Muchas veces sólo hace falta construir el altar en un lugar determinado para que el fuego del cielo descienda en otro lugar diferente"».

Nuestro deseo de vivir «momentos de iluminación» es una de las causas que nos impulsan a dejar de hacer el trabajo que debe hacerse en nuestro agi-

---

85. «No es bueno buscar los momentos de iluminación.» C. S. Lewis, *Letters to Malcolm: Chiefly on Prayer* (New York: Harcourt Brace Jovanovich, 1964), 117.

tado mundo. Parece que cada día somos más adictos a las manifestaciones espectaculares de la vida espiritual: visiones, experiencias paranormales, sorprendentes revelaciones, milagros, etc. Mientras esperamos que ocurran, nos volvemos insensibles a la esencia de la vida: todo es un milagro, incluso los detalles más cotidianos.

En 1987 experimentamos una «Convergencia Armónica». Esta fecha ya se mencionaba en diversas profecías arcanas y algunos visionarios creían que iba a producirse un acontecimiento decisivo para la evolución de la raza humana. Yo nunca comprendí ni me interesé mucho por saber si el suceso se basaba en supersticiones o hechos, pero me fascinó que cada vez más personas adquirieran una mayor energía espiritual a medida que se acercaba el momento de convergencia. Decidí participar en una reunión que se celebró al alba en una gran extensión de césped en las afueras de Dallas, donde yo vivía por aquel entonces. Cientos de participantes llegamos al lugar de la cita en la oscuridad que precede al alba. Formamos un círculo y unimos nuestras manos. Alguien empezó a cantar una canción que hablaba del nacimiento de las flores, todos intentamos seguir la melodía y la antigua magia de los sesenta revivió de nuevo. El sol se elevó gradualmente en el horizonte venciendo a las tinieblas, y permanecimos de pie en silencio durante varios minutos. La alegría y la gratitud se respiraban en el ambiente, y muchas personas lloraron. Finalmente el grupo se dispersó en silencio, y mi corazón se sentía muy satisfecho de haber vivido aquellos momentos.

Mientras caminaba hacia el coche, pasé junto a un joven de unos veinte años que estaba sentado sobre el capó de su coche, con la mirada perdida en el vacío. Parecía estar muy triste y a punto de llorar. «¿Estás bien?», le pregunté. Tardó unos segundos en contestar. Finalmente dijo: «No ha pasado nada. Nada en absoluto. ¡Nada de nada!»

No pasó nada aparte de milagros: estábamos rodeados por el Sol, la Tierra, Consciencia, Amor. ¿Qué más podía faltar?

La palabra *utopia* proviene de términos griegos que significan «no en un lugar». La utopía no está en «un» lugar, de modo que está en todas partes. Y si está en todas partes, también está en todas las épocas. En consecuencia, la utopía es aquí y ahora. Bienvenido a la utopía.

La oración puede revelarnos que no es necesario esperar una milagrosa llamada a la acción. La llamada a la actividad nunca será más milagrosa que aquí y ahora. Ya estamos inmersos en lo milagroso, no necesitamos esperar ningún «momento de iluminación». Ha llegado el momento de salir de nuestro refugio, entrar en el mundo y trabajar.

Los grandes héroes y heroínas históricos y legendarios no esperaron a ser psicológicamente perfectos o que sus plegarias fueran respondidas para pasar a la acción. No existe ninguna prueba de que el rey Arturo, Gawain y Ulises —o San Francisco, San Juan de la Cruz, Hildegarde, Santa Teresa, Julian de Norwich y Florence Nightingale— estuvieran completamente sanos psicológicamente. Es más, existen bastantes pruebas de que no lo estaban. Por otra parte, muchos de ellos también padecían graves trastornos físicos.

No puedo recordar cuál fue la última vez que oí las palabras *valor*, *coraje* o *heroísmo* en una conferen-

cia o un seminario. ¿Somos capaces de dejar de preo-
cuparnos y luchar? Ante nosotros tenemos una tarea
difícil y peligrosa, pero siempre lo ha sido. Como dice
un amigo mío: «La vida espiritual no es para los débiles». Muchos de los que dan el primer paso no sobre-
vivirán; los héroes mueren. Pero debemos afrontar los
problemas, incluyendo los nuestros, y no analizarlos y
rezar para que desaparezcan.

¿Oración o acción? La pregunta no tiene sentido.
Debemos rezar y mover los brazos a la vez.

Epílogo

En una reunión para rezar, a bordo de un barco en dirección a Londres en 1931, adonde se dirigía para defender la independencia de la India, Mahatma Gandhi dijo:

> La oración me salvó la vida[86]... Yo también he experimentado mis propias experiencias amargas públicas y privadas, que me llevaron temporalmente a la desesperación. Fui capaz de superar esa desesperación gracias a la oración... Surgió por una auténtica necesidad porque me hallaba en una situación en la que no podía ser feliz sin ella. Y con el paso del tiempo mi fe en Dios aumentó y el anhelo de oración se hacía cada vez más irresistible. La vida me parecía vacía y carente de sentido sin ella... A pesar de la desesperación que reina en el horizonte político, nunca he perdido mi paz... Esa paz

---

86 «La oración me salvó la vida...» Mahatma Gandhi citado en Louis Fischer, ed., *The Essential Gandhi* (New York: Random House, 1962), 309-310.

que es fruto de la oración... La forma es indiferente. Cada uno crea sus propias leyes en ese terreno... Dejemos que todo el mundo pruebe y descubra que la oración diaria puede aportar algo nuevo a su vida.

Aunque nosotros, como Gandhi, quizá recurrimos a la oración por necesidad y no por elección, con el tiempo nos damos cuenta de que no podemos prescindir de ella. La oración nos proporciona un alimento tan rico que nos parece necesaria para sobrevivir. Pero en nuestro entusiasmo por la oración, no olvidemos la tolerancia de Mahatma Gandhi, que es necesaria porque, en cierto modo, «cada uno crea sus propias leyes».

Además de la tolerancia, la sencillez también es una característica de la autenticidad de las prácticas espirituales. El Dalai Lama dijo: «Mi religión es muy sencilla. Mi religión es la amabilidad.»

Así pues, con espíritu de tolerancia y sencillez, finalizo este libro con la esperanza de que el lector dejará a un lado todos los comentarios precedentes y emprenderá su propio viaje personal en la oración. A pesar de que puede ser un viaje que se haga solo, no tiene por qué ser solitario. ¿Por qué habría de serlo? Si tú rezas por mí, y yo rezo por ti...

Apéndice

FORMAR PARTE DE UNA LISTA DE ORACIONES

Si deseas que otras personas recen por ti, plantéate la posibilidad de incluir tu nombre en una lista de oraciones. A continuación te proponemos algunas formas de hacerlo.

INTERNET

Si la idea de ciberespacio no te parece demasiado impersonal, consulta los servicios que te ofrecen los distintos sistemas de comunicación en red, como Internet, America Online, CompuServe y ServiCom. En todas ellas encontrarás secciones religiosas; pregunta si ofrecen algún servicio de oración activa.

SBCnet (la red de la Convención Baptista del Sur) y Presbynet (dirigida por presbiterianos) cuentan con varios miles de suscriptores y crecen con gran rapidez. Seguro que ofrecen la posibilidad de incorporarte en una lista de oraciones electrónica.

PERIÓDICOS

El periódico norteamericano *The New Times* ofrece un servicio de oraciones para todas aquellas personas que deseen usarlo. Si deseas que la comunidad de lectores rece por ti, sólo tienes que enviar tus iniciales (no el nombre ni el motivo por el que deseas que recen por ti; el servicio es anónimo). Las iniciales se publican durante un mes; si quieres que recen por ti durante más tiempo, vuelve a enviar tus iniciales. El servicio es gratuito, aunque se aceptan donativos para cubrir gastos. La dirección es la siguiente:

The New Times
P. O. Box 51186
Seattle, WA 98115-1186
USA

SERVICIOS DE ORACIÓN ECUMÉNICOS

La mayoría de congregaciones protestantes y católicas ofrecen servicios de oración. Casi todas las sinagogas conservadoras u ortodoxas rezarán por aquellas personas que lo soliciten los lunes, jueves y sábados. También existen listas de oraciones de seglares. Para encontrarlas, mantén los oídos abiertos y pregunta a tus amigos y conocidos. En el caso improbable de que no consigas localizar un grupo de plegaria, organiza uno.

También puedes unirte a un grupo de plegaria como intercesor, es decir, como miembro que reza por los demás. Las personas que participan voluntariamente de esta actividad suelen comprobar que sus vidas cobran más sentido y se sienten más realizadas, una prueba de que la oración no sólo es positiva para el receptor, sino también para la persona que reza.

Petición del autor

Mi investigación sobre la oración continúa. Estaría muy agradecido de conocer los relatos de aquellos lectores que deseen compartir sus experiencias. Me interesan especialmente los casos «desesperados» en los que la medicina tradicional fracasó pero la oración funcionó. Por otra parte, también estoy explorando cuatro temas más mencionados en mi libro *Palabras que curan*: los efectos de la oración negativa, las oraciones relacionadas con sueños, la oración desplazada en el tiempo y los sucesos telesomáticos. Ruego me escribáis a la siguiente dirección:

Larry Dossey, M.D.
233 N. Guadalupe, #169
Santa Fe, NM 87501
USA

Gracias.

Índice

Agradecimientos   9
Nota del autor   11
La oración es una buena medicina   13
Introducción   15

PRIMERA PARTE: 21
   Las pruebas   23
     Estudiar la oración es un acto
     de adoración   23

SEGUNDA PARTE: 45
   La polémica   47
     ¿Puede la oración matar? 47

TERCERA PARTE: 79
   ¿Qué es la oración?   81
     El universo es oración   81

CUARTA PARTE: 101
   Cómo rezar   103
     Las credenciales no tienen
     importancia en la oración   103

Epílogo   183
Apéndice   185